ATLAS PRZYRODNICZY

SZKOŁA PODSTAWOWA

WSiP

Autorzy map: CARTA BLANCA (s. 58, 76, 78, 80, 82) **E. Kowalska** (s. 43, 93), **A. Kuklińska** (s. 8, 10, 12, 14, 29, 41), **B. Malec** (s. 39), **M. Olczyk** (s. 6, 26–28, 30, 31), **W. Ostrowski** (s. 7, 92–93), **J. Plit** (s. 59, 70-71, 77, 79, 81, 83, 85, 86), **T. Płatek** (s. 60-61, 62-63, 68, 73, 75, 103, 96-97), **L. Przyłuski** (s. 52–55), **J. Sieradzka-Kasprzak** (s. 33), **J. Suchożebrski** (s. 98-99), **A. Zakrzewski** (s. 56, 66-67), **W. Wieczorek** (s. 48–51, mapa Polski na wkładce)

Autorzy rysunków: **W. Dojlidko** (Słońce w porach roku, s. 5, 8, 10, 12, 14, piętra roślinności w górach, s. 23), **J. Gryguć** (rysunki odkrywców, s. 95), **B. Litwiniec** (rysunki oprócz kryla, foki, żółwia, s. 16, 17), **W. Ostrowski** (rzeźba terenu, s. 7), **M. Zachorowska** (kryl, foka, żółw, s. 16), **J. Zwolak** (sylwetki drzew, gałązki, pokroje drzew, s. 39)

Wydanie I

ISBN 978-83-02-12752-6

Opracowanie merytoryczne i redakcyjne:
Barbara Butwiłowska (redaktor cyklu), **Magdalena Gerwel-Wronka** (redaktor merytoryczny)
Konsultacja: **Mirosława Kwiecińska**
Redakcja językowa: **Rozalia Słodczyk**
Redakcja kartograficzna: **Ludwik Przyłuski**
Redakcja techniczna: **Anna Popiel**
Projekt okładki: **Artur Matulaniec, Anna Przygodzka**
Projekt graficzny: **Katarzyna Trzeszczkowska**
Opracowanie graficzne: **Ewa Pawińska, Krzysztof Płuciennik**
Opracowanie redakcyjne i komputerowe map: **Zespół Kartografii**
Fotoedycja: **Natalia Marszałek, Pola Rożek**
Skład i łamanie: **Grzegorz Brodowski**

Wydawnictwa Szkolne i Pedagogiczne spółka z ograniczoną odpowiedzialnością
00-807 Warszawa, Aleje Jerozolimskie 96
Tel. 22 576 25 00
Infolinia: 800 220 555
www.wsip.pl
Druk i oprawa: CGS Drukarnia Sp. z o.o.

Spis treści

3 PRZYRODA WOKÓŁ NAS

2 POLSKA NA MAPIE

3 EUROPA NA MAPIE

4 ŚWIAT NA MAPIE

5 BUDOWA CZŁOWIEKA

6 CZŁOWIEK A ZIEMIA

7 CHEMIA I FIZYKA WOKÓŁ NAS

8 UKŁAD SŁONECZNY

Wyznaczanie kierunków świata

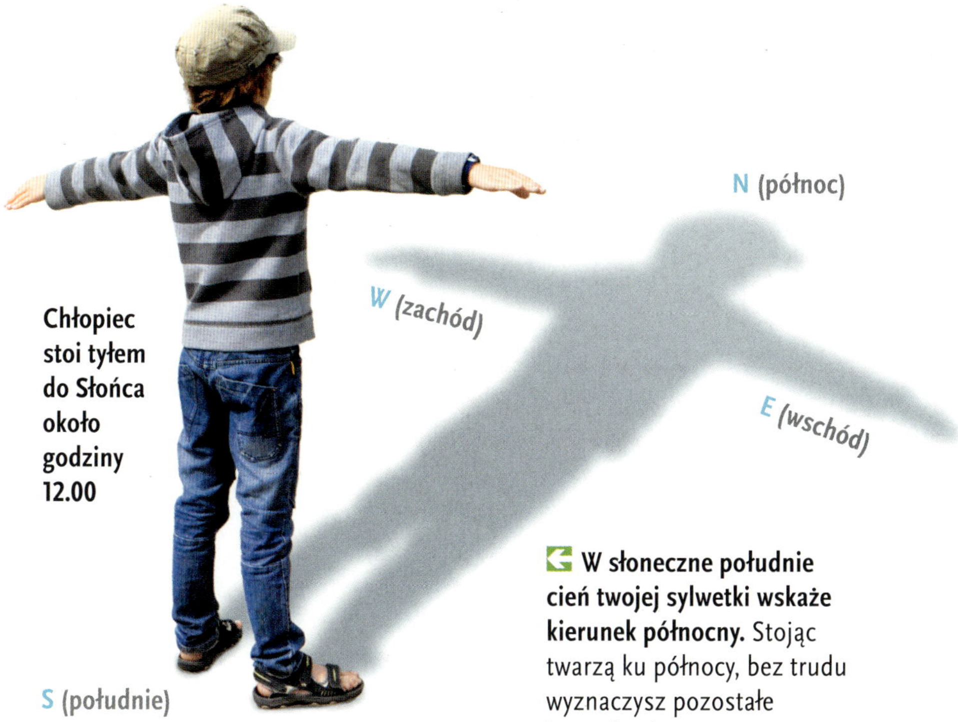

Chłopiec stoi tyłem do Słońca około godziny 12.00

W słoneczne południe cień twojej sylwetki wskaże kierunek północny. Stojąc twarzą ku północy, bez trudu wyznaczysz pozostałe kierunki główne.

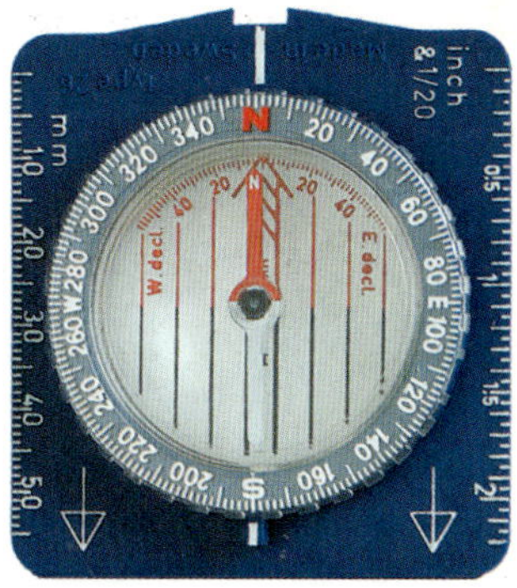

Igła magnetyczna kompasu (tu czerwona) wskazuje kierunek północny.

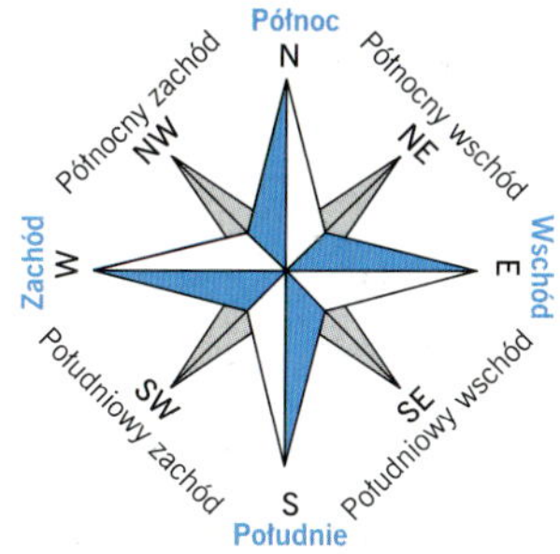

Róża wiatrów odzwierciedla kierunki główne i pośrednie.

Wędrówka Słońca nad horyzontem w różnych porach roku

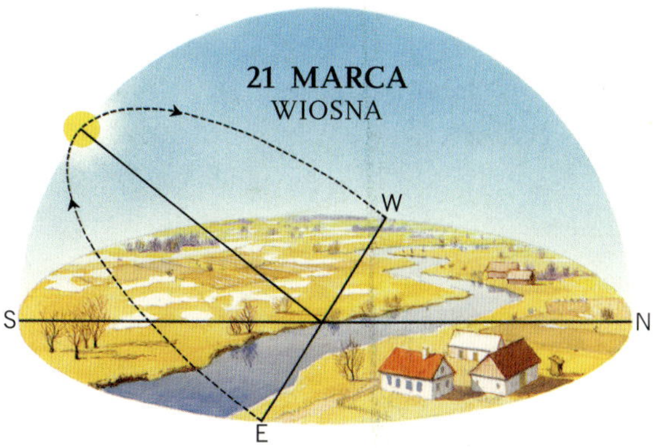

równonoc wiosenna

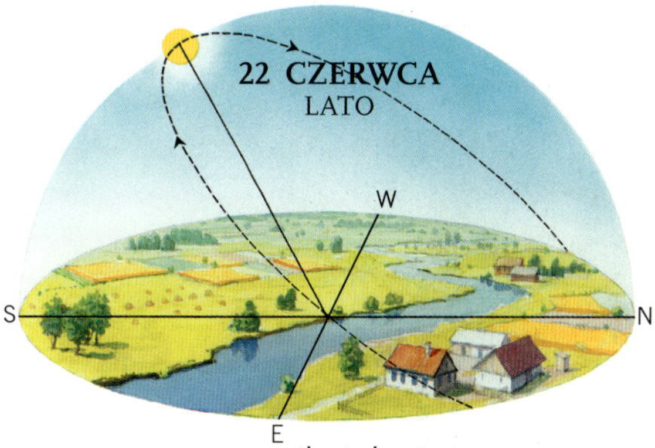

przesilenie letnie

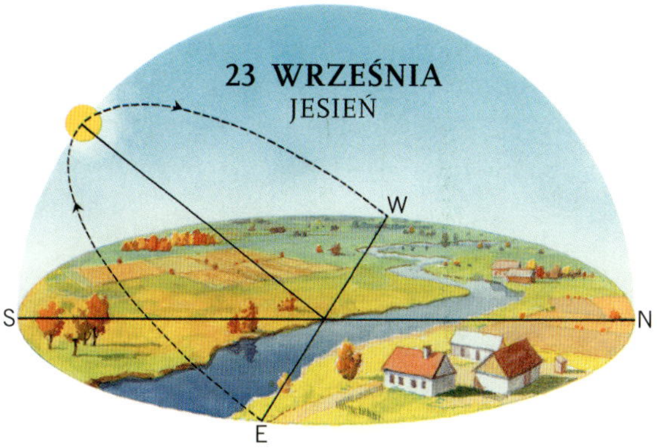

równonoc jesienna

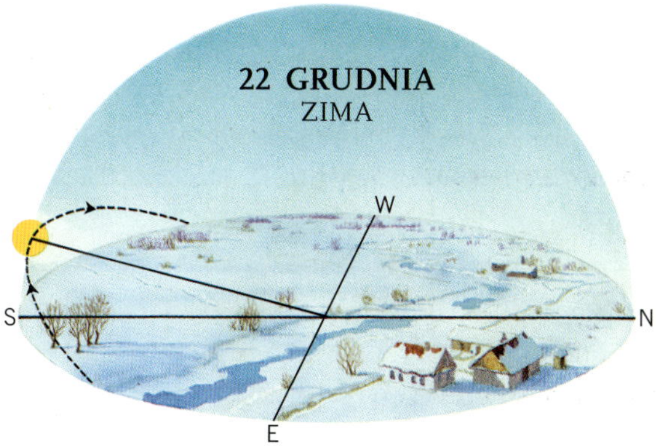

przesilenie zimowe

Mapa – płaski obraz powierzchni Ziemi

Mikołajki – fragment miasta zaznaczony na mapie ramką

1 : 25 000

0 500 m

- tereny mieszkaniowo-usługowe
- tereny przemysłowo-składowe
- cmentarze
- lasy
- sady i ogródki działkowe
- łąki i pastwiska
- pola uprawne
- rzeki, strumienie, kanały
- jeziora
- bagna i tereny podmokłe
- drogi główne
- drogi drugorzędne
- drogi polne i leśne
- koleje
- stacje kolejowe
- mosty, wiadukty
- umocnione nabrzeże
- kościoły
- przystanie

Skala i podziałka na mapie

Skala mapy jest ułamkiem.
W miarę zmniejszania się skali, maleje również szczegółowość mapy (A–D). Mapa staje się coraz bardziej uproszczona.

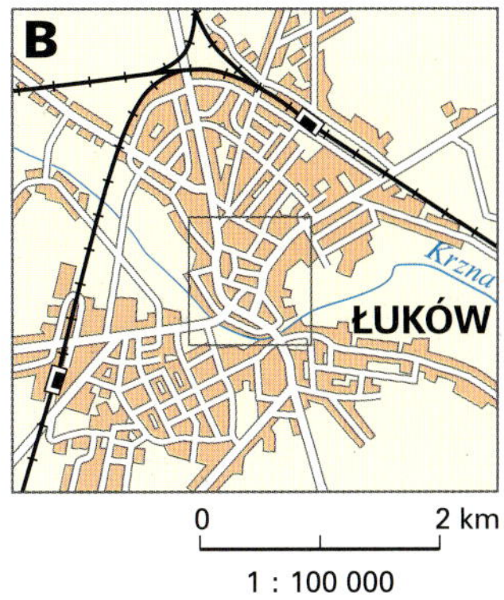

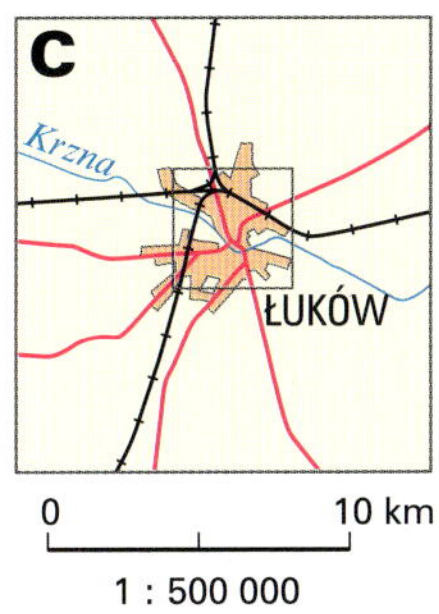

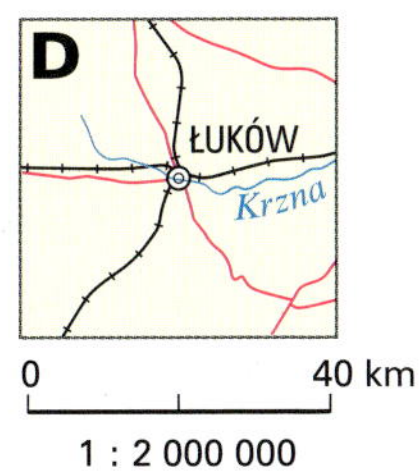

Rzeźba terenu na mapie

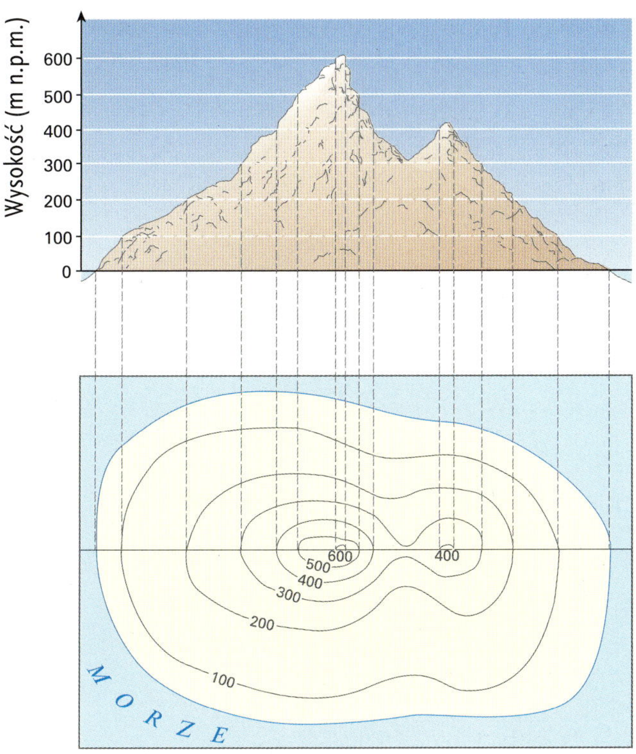

konstrukcja mapy poziomicowej

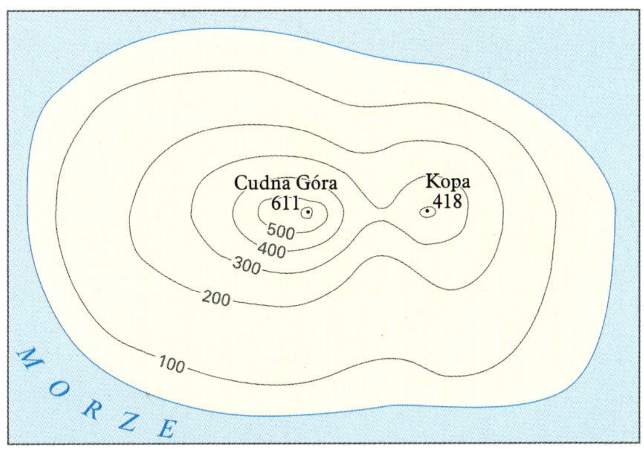

mapa poziomicowa

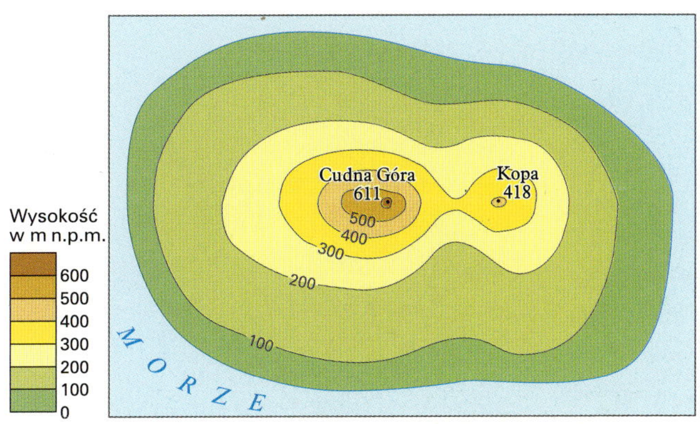

mapa hipsometryczna

Jesień

Pogoda jesienią

mapa pogody jesienią

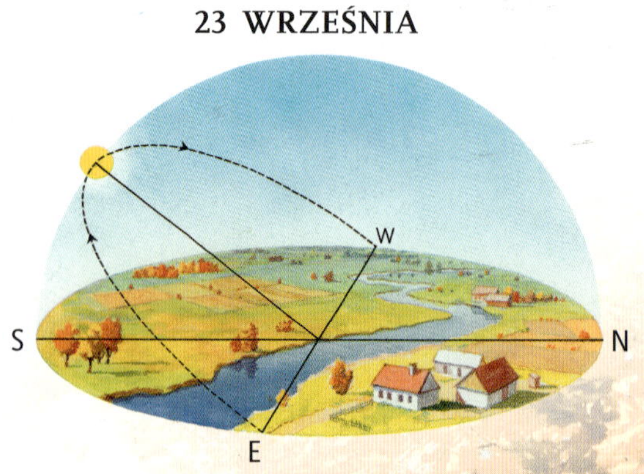

początek kalendarzowej jesieni

słonecznie	przeważające kierunki wiatru
zachmurzenie umiarkowane	9° maksymalna temperatura w dzień
zachmurzenie całkowite	4° minimalna temperatura w nocy
opady deszczu	

Podczas godów jeleni (rykowisk) samce walczą o samice.

Jesienią w lesie możemy znaleźć owoce borówki, żurawiny i wiele rodzajów grzybów. Kwitnący wrzos i kolorowe liście na drzewach czynią las niezwykle malowniczym miejscem.

Jesień jest porą zbiorów wielu warzyw i owoców, między innymi buraków, selerów i dyń.

Jesienią część ptaków, na przykład żurawie, odlatuje z Polski na południe Europy lub do Afryki, by tam spędzić zimę.

Mgły często towarzyszą jesiennej aurze.

Sadownicy zbierają jesienią późne odmiany owoców, niektóre jabłka, śliwki czy gruszki.

Dla wielu osób jesień wiąże się z porządkami w ogrodzie.

Wiele zwierząt, które zimują w Polsce, na przykład wiewiórki, gromadzi jesienią pożywienie, zakopując je lub znosząc do swoich kryjówek.

Zima

Pogoda zimą

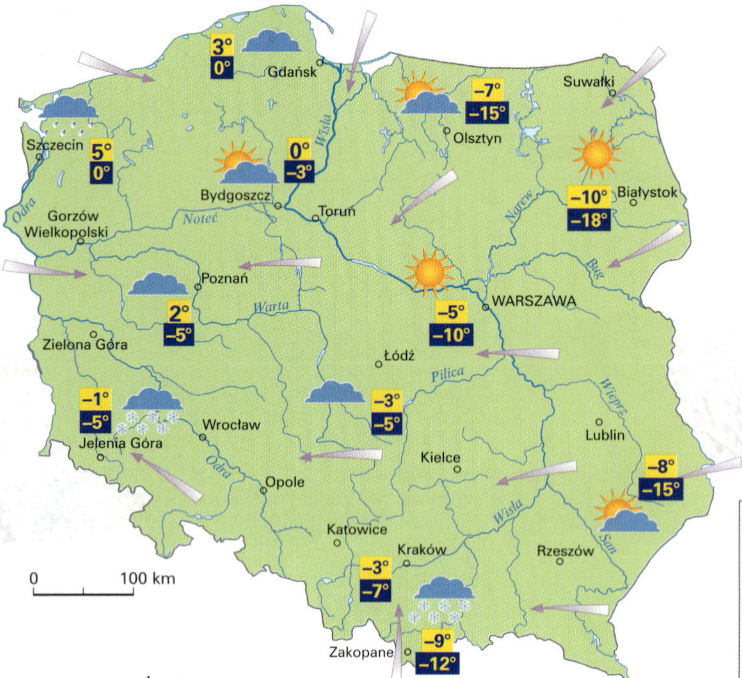

mapa pogody zimą

22 GRUDNIA

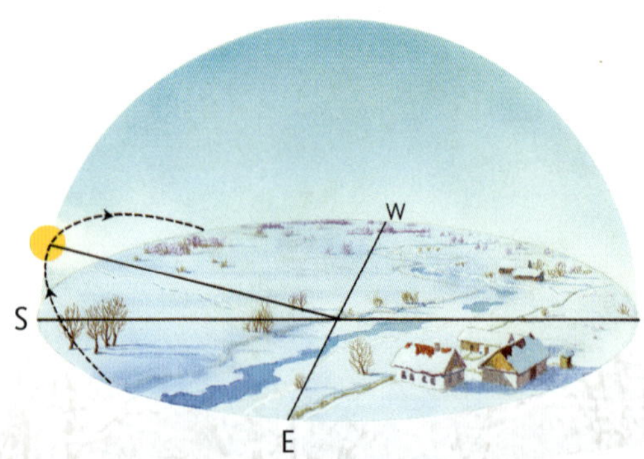

początek kalendarzowej zimy

Śnieg zimą utrudnia kierowcom jazdę, ale także chroni rośliny przed przemarzaniem.

Wiewiórka większość okresu zimowego spędza w gnieździe – wychodzi tylko po zapasy, które zgromadziła jesienią.

Podczas zimy zwierzęta leśne chętnie przychodzą do wypełnionych pożywieniem paśników.

Niewielki gryzoń – orzesznica – w ciepłej kryjówce zapada w sen zimowy w końcu października i śpi aż do kwietnia.

szron

szadź

Zimą, gdy nie ma śniegu, na drzewach, na trawie czy na ziemi często osadzają się szron i szadź.

Owoce na niektórych drzewach i krzewach w okresie zimowym są pokarmem dla ptaków i innych zwierząt.

Podczas długiej i mroźnej zimy ptaki, jak na przykład sikory, gile i wróble, często przylatują do karmników z ziarnami i słoniną.

Zimą, chociaż dni są krótkie, warto organizować zabawy na śniegu. Pamiętaj, aby twoje ubranie było dostosowane do warunków pogodowych.

Wiosna

Pogoda wiosną

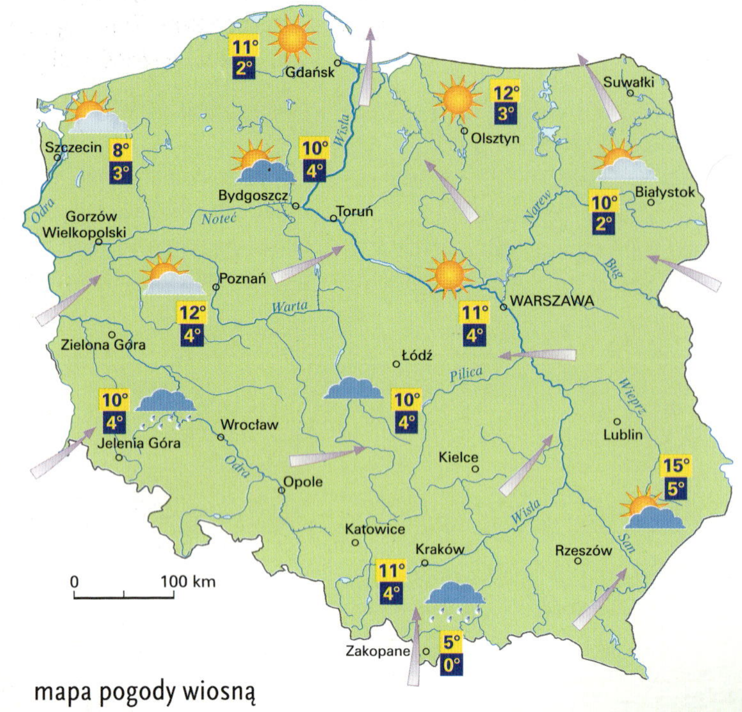

mapa pogody wiosną

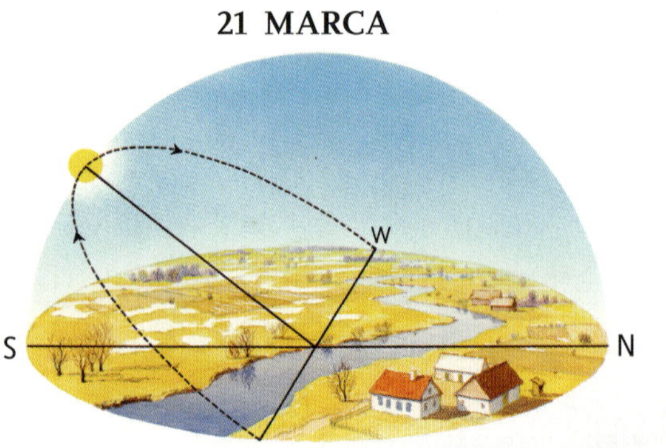

początek kalendarzowej wiosny

Podczas przedwiośnia woda z topniejącego śniegu nie wsiąka w zamarznięty grunt.

Bociany zimę spędzają w Afryce. Ptaki te wiosną wracają do Europy, gdzie wykluwają się i dorastają ich młode.

Wiosną, kaczki, tak jak inne zwierzęta, łączą się w pary, by wydać na świat potomstwo. Gniazda zwykle budują w trawie lub na drzewach.

Wiosną samce żaby moczarowej przybierają charakterystyczne niebieskie ubarwienie godowe.

Cytrynek jest pierwszym motylem, którego możemy zaobserwować wczesną wiosną.

Pszczoły wiosną są bardzo użyteczne – zapylają kwiaty, by te mogły przekształcić się w owoce.

Jedną z pierwszych oznak zbliżającej się wiosny są długie kwiatostany leszczyny. Pojawiają się, zanim rozwiną się liście.

Kwiaty szafranu, zwanego popularnie krokusem, są jednym ze zwiastunów wiosny i zdarza się, że kwitną przed stopnieniem śniegu.

Wiosna jest czasem intensywnych prac w ogrodzie. Wtedy sadzone i wysiewane są kwiaty i warzywa.

Lato

Pogoda latem

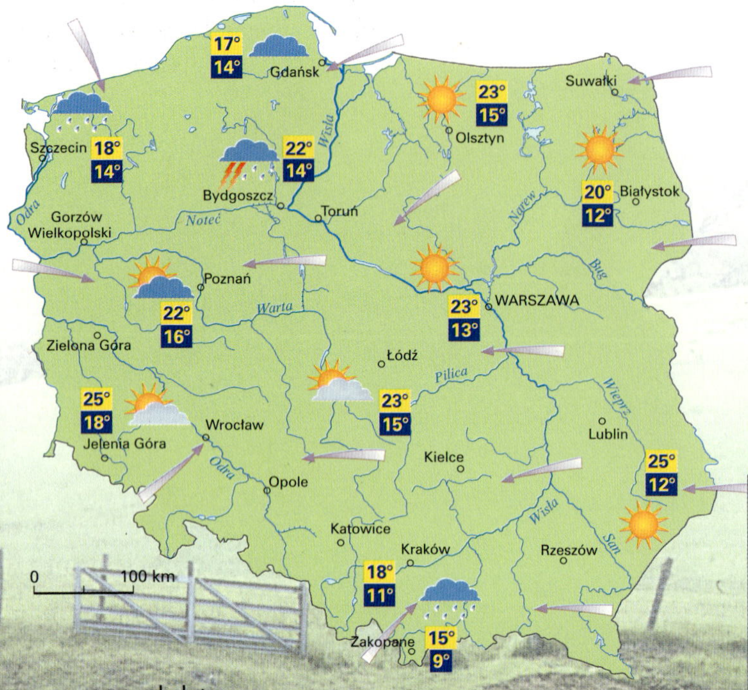

mapa pogody latem

22 CZERWCA

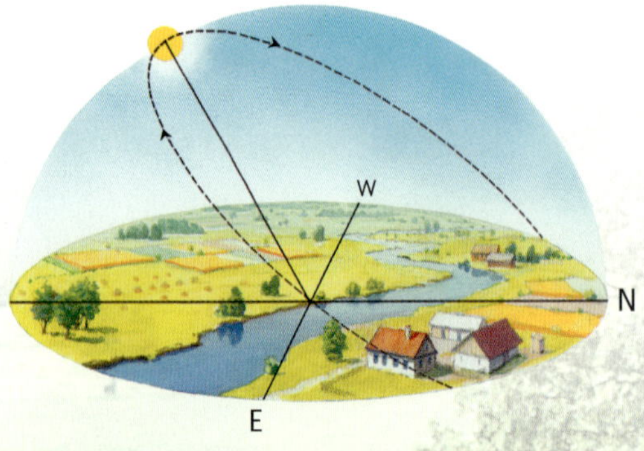

początek kalendarzowego lata

Latem młode, które wiosną przyszły na świat usamodzielniają się – nabierają wprawy na przykład w zdobywaniu pokarmu.

Pisklęta ptaków latem rosną i nabierają sił, by wkrótce zacząć latać i samodzielnie zdobywać pokarm.

Młode łabędzie szybko rosną i latem są już prawie tak duże, jak ich rodzice. Jedynie szare upierzenie odróżnia je od dorosłych ptaków.

Słoneczna pogoda latem, zachęca do wypoczynku na świeżym powietrzu.

Letnim burzom czasem towarzyszą opady gradu.

Niebo zasnute ciemnymi, kłębiastymi chmurami oznacza zbliżającą się burzę.

Latem, w upalne dni często występują burze. Towarzyszy im ulewny deszcz, liczne wyładowania atmosferyczne i silne podmuchy wiatru.

Latem w lesie można już zbierać pierwsze grzyby, takie jak koźlarze czy kurki.

Latem pojawiają się pierwsze owoce – jagody, maliny, truskawki, porzeczki. Możemy zbierać też różne warzywa, między innymi groch, kalafiory, młodą kapustę, marchew i ziemniaki.

Przyroda nieożywiona

Przyroda ożywiona

foka
delfin
meduza
kryl
sałata
morska
ukwiał
morszczyn
płetwal
błękitny
rozgwiazda
krab
tuńczyk
rekin
żółw
ośmiornica
mątwa
nawęd

Przyroda ożywiona

Przyroda ożywiona

Przyroda nieożywiona

Klasyfikacja organizmów

Organizmy można klasyfikować według różnych kryteriów. Zgodnie z naukową klasyfikacją biologiczną zazwyczaj wyróżnia się pięć grup organizmów (królestw): **bakterie**, **protisty**, **grzyby**, **rośliny** i **zwierzęta**. Każdą z tych grup można dzielić na podgrupy organizmów coraz bliżej spokrewnionych ze sobą, podobnych pod względem budowy i środowiska życia. Na przykład w królestwie zwierząt możemy wyróżnić **ryby**, które mają opływowy kształt ciała, płetwy i żyją w wodzie, lub **ptaki**, czyli organizmy mające skrzydła i dziób, zamieszkujące środowisko lądowe. Organizmy możemy grupować też w obrębie kilku królestw w zależności od tego, jaką cechę określimy jako wspólną. Organizmy mogą więc być lądowe (jabłoń, jaszczurka, nietoperz) i wodne (stułbia, płoć, delfin), słodkowodne i morskie lub duże i mikroskopijne, samożywne i cudzożywne.

BAKTERIE

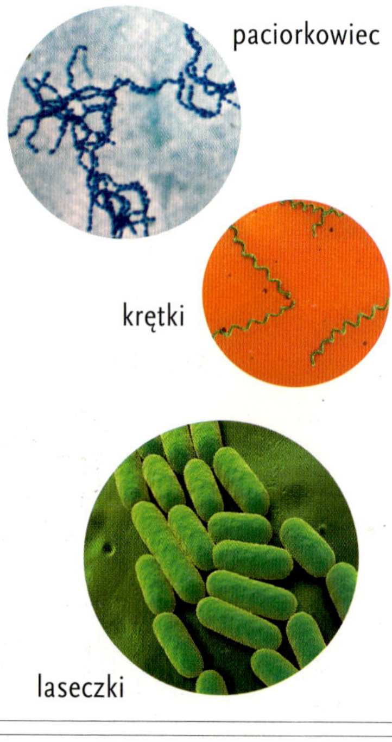

PROTISTY

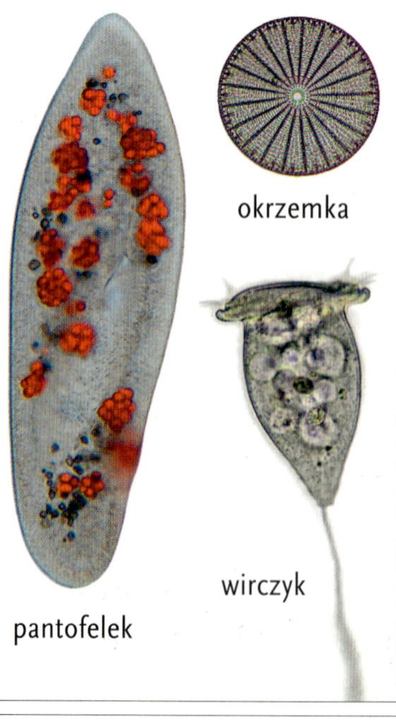

GRZYBY

ROŚLINY

ZIELENICE	MSZAKI	PAPROTNIKI	NAGONASIENNE	OKRYTONASIENNE
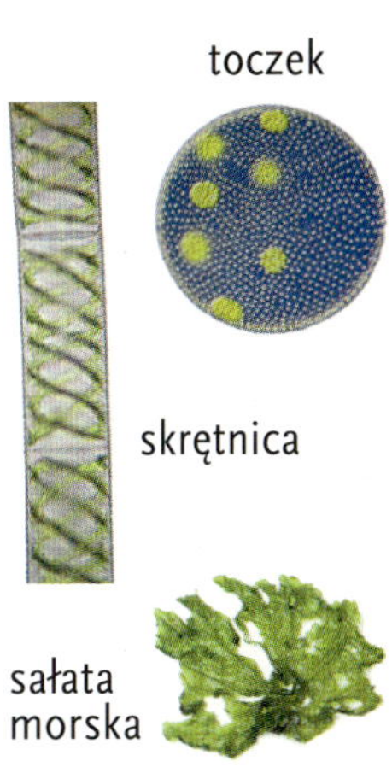				
toczek	płonnik	paproć	sosna	storczyk
skrętnica	torfowiec	widłak	jodła	jabłoń
sałata morska		skrzyp	cis	

ZWIERZĘTA – BEZKRĘGOWCE

PARZYDEŁKOWCE	PŁAZIŃCE	NICIENIE	PIERŚCIENICE	STAWONOGI	MIĘCZAKI
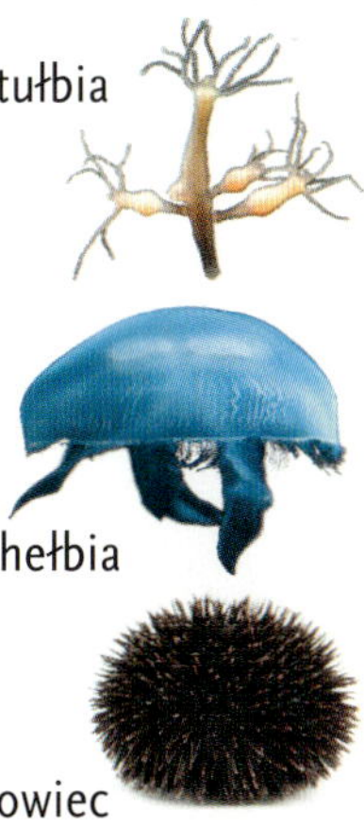	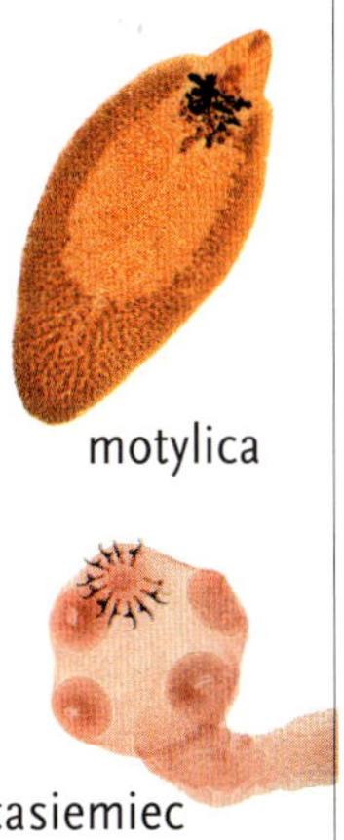				
stułbia	motylica	glista	dżdżownica	pszczoła	ślimak
chełbia	tasiemiec	owsik	pijawka	rak	małż
jeżowiec				skakun	mątwa

ZWIERZĘTA – KRĘGOWCE

RYBY	PŁAZY	GADY	PTAKI	SSAKI
				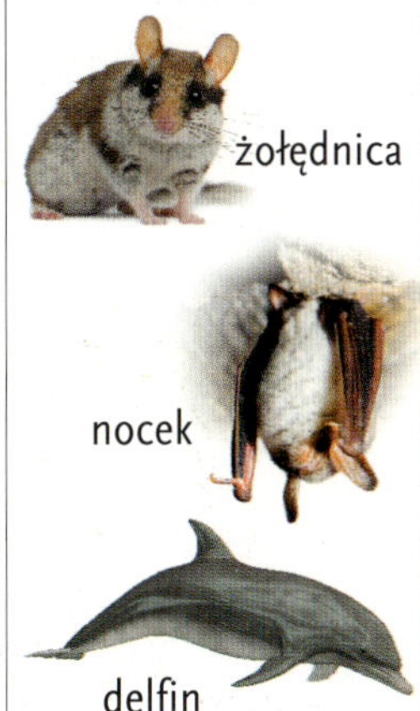
płoć	żaba	żmija	gil	żołędnica
flądra	ropucha	jaszczurka	zimorodek	nocek
rekin	salamandra	żółw	pingwin	delfin

Łańcuchy i sieci pokarmowe w przyrodzie

Przykład łańcucha pokarmowego

Przykład sieci pokarmowej

Życie w jeziorze

Życie na łące

Łąkę porastają trawy i wielobarwne rośliny zielne. Jest to miejsce życia wielu gatunków zwierząt, takich jak małe gryzonie czy bezkręgowce. Na łące żerują też niektóre ptaki, na przykład bociany, skowronki i bażanty. Wiosną i latem na łące słychać brzęczenie owadów, które zapylają kwiaty.

Życie w lesie

W lesie występują drzewa, krzewy, porastające ściółkę rośliny runa, a także grzyby. Las daje schronienie wielu gatunkom zwierząt, zarówno niewielkim bezkręgowcom, mrówkom i żukom, jak i mniejszym i większym kręgowcom (jaszczurki, myszy, sarny, wilki czy niedźwiedzie).

Życie w górach

W górach, ze względu na duże różnice wysokości terenu, występuje piętrowy układ roślinności. Im wyżej są położone obszary, tym trudniejsze są warunki życia i tym mniej licznie występują różne organizmy. Obecność roślin w danej partii gór warunkuje także życie określonych gatunków zwierząt.

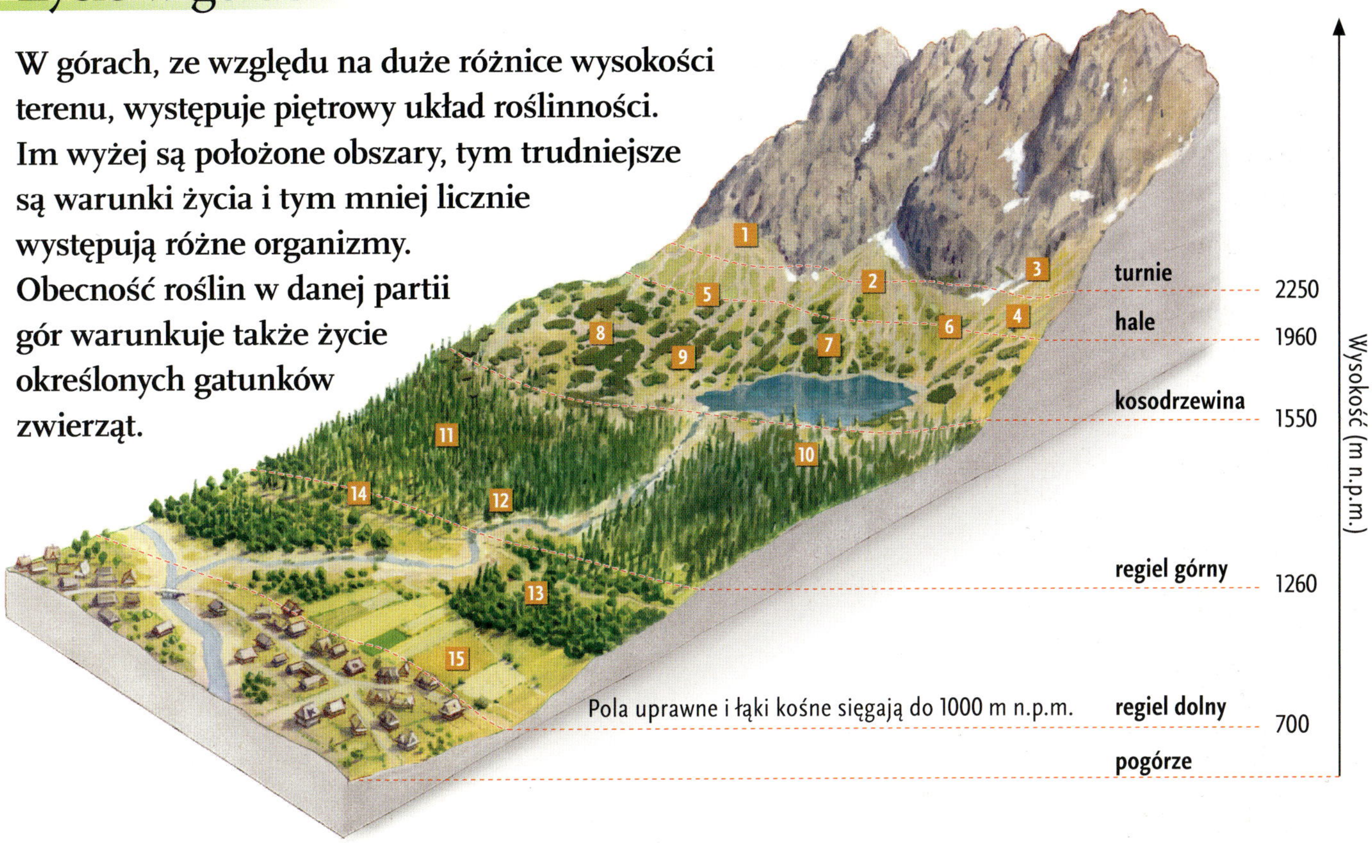

TURNIE

1 lepnica bezłodygowa

2 kozica górska

3 niepylak apollo

HALE

4 sasanka alpejska

5 świstak

6 urdzik alpejski

KOSODRZEWINA

7 dziewięćsił bezłodygowy

8 sosna górska (kosodrzewina)

9 goryczka trojeściowa

REGIEL GÓRNY

10 sosna limba

11 niedźwiedź brunatny

12 pluszcz

REGIEL DOLNY

13 jarząb pospolity

14 świerk pospolity

15 szafran spiski (krokus)

Główne piętra występowania organizmów

Rośliny użytkowe uprawiane w Polsce

drzewa krzewy

Drzewa i krzewy owocowe

jabłoń

czereśnia

śliwa

grusza

morela

porzeczka

jeżyna

malina

winorośl

agrest

Rośliny okopowe

ziemniak

burak cukrowy

szparag

marchew

pietruszka

cykoria

Zboża

żyto

pszenica

owies

jęczmień

kukurydza

Rośliny oleiste

słonecznik

rzepak

len

gatunki objęte ścisłą ochroną gatunkową

Rośliny trujące występujące w Polsce

śnieżyca wiosenna

pokrzyk wilcza jagoda

tojad mocny

naparstnica purpurowa

wawrzynek wilczełyko

bieluń dziędzierzawa

zawilec gajowy

czeremcha

lulek czarny

jałowiec

Grzyby jadalne oraz ich niejadalne lub trujące sobowtóry

grzyb jadalny | grzyb niejadalny | grzyb trujący

gąska zielona

pieprznik jadalny (kurka)

smardz stożkowaty

czubajka kania

borowik szlachetny

muchomor sromotnikowy

lisówka pomarańczowa

piestrzenica kasztanowata

muchomor jadowity

goryczak żółciowy

Ryby występujące w Polsce

● dorsz

● stornia (flądra)

● iglicznia

● śledź

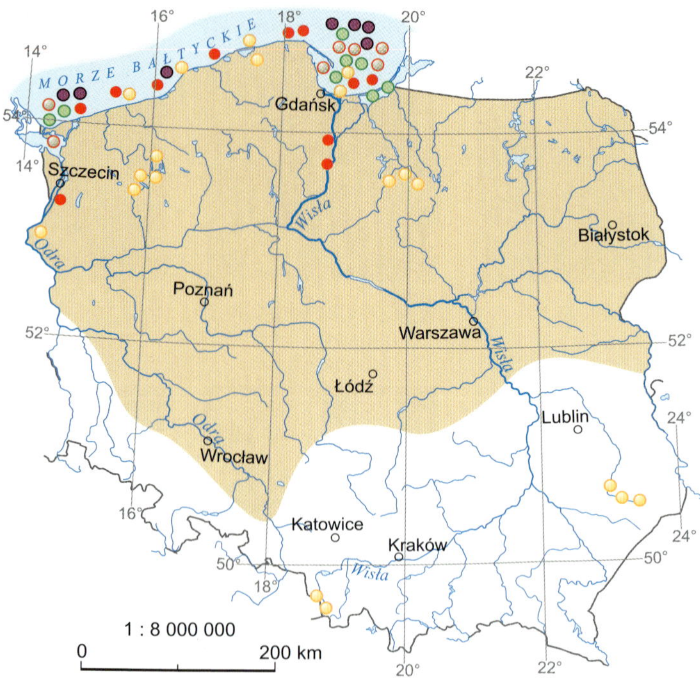

- ● dorsz
- ● łosoś
- ● iglicznia
- ● śledź
- ● stornia
- karp królewski

- ryby występujące na terenie całej Polski
- ryby objęte ścisłą ochroną gatunkową

szczupak

sandacz

● łosoś

węgorz

płoć

okoń

karp

Płazy występujące w Polsce

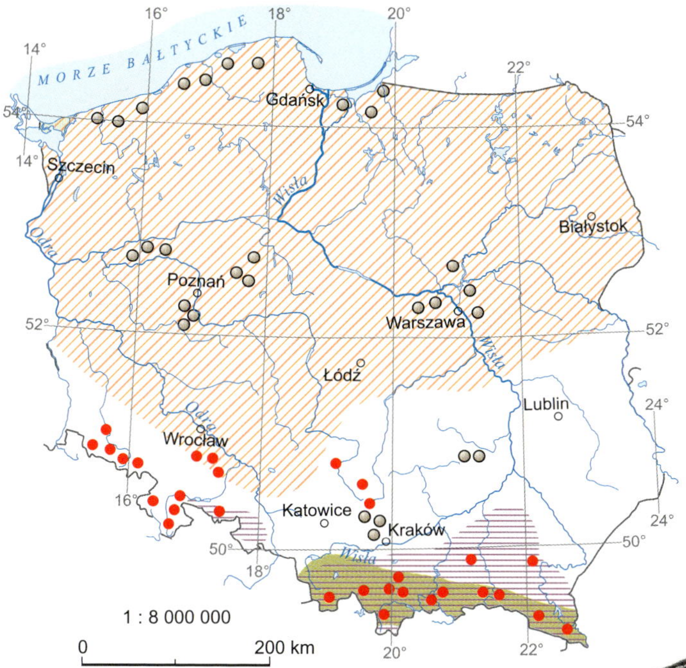

- salamandra plamista
- traszka karpacka
- kumak górski
- żaba moczarowa
- żaba śmieszka
- płazy występujące na terenie całej Polski
- płazy objęte ścisłą ochroną gatunkową

traszka grzebieniasta

traszka karpacka

salamandra plamista

kumak górski

rzekotka drzewna – występuje do wysokości 900 m n.p.m.

żaba trawna

żaba moczarowa

ropucha zielona

żaba śmieszka

ropucha szara

Gady występujące w Polsce

żółw błotny

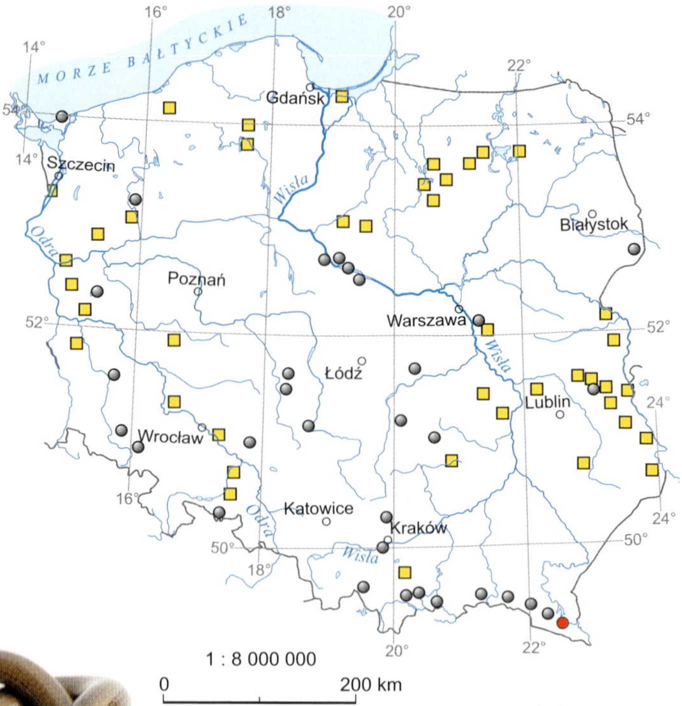

- wąż eskulapa
- gniewosz plamisty
- żółw błotny
- gady występujące na terenie całej Polski
- gady objęte ścisłą ochroną gatunkową

zaskroniec zwyczajny

padalec

gniewosz plamisty

wąż Eskulapa

jaszczurka żyworodna

żmija zygzakowata

jaszczurka zwinka

Ptaki występujące w Polsce

- mazurek, łabędź niemy, pliszka żółta
- sroka
- słowik rdzawy
- czapla siwa
- puchacz
- ptaki występujące na terenie całej Polski
- ptaki objęte ścisłą ochroną gatunkową
- ptaki objęte częściową ochroną gatunkową

czapla siwa

łabędź niemy

krzyżówka

bażant

puchacz

sroka

dudek

zięba

jaskółka oknówka

słowik rdzawy – wschodnia granica występowania

mazurek

pliszka żółta

gil

pustułka

Ssaki występujące w Polsce

łoś

sarna

jeleń

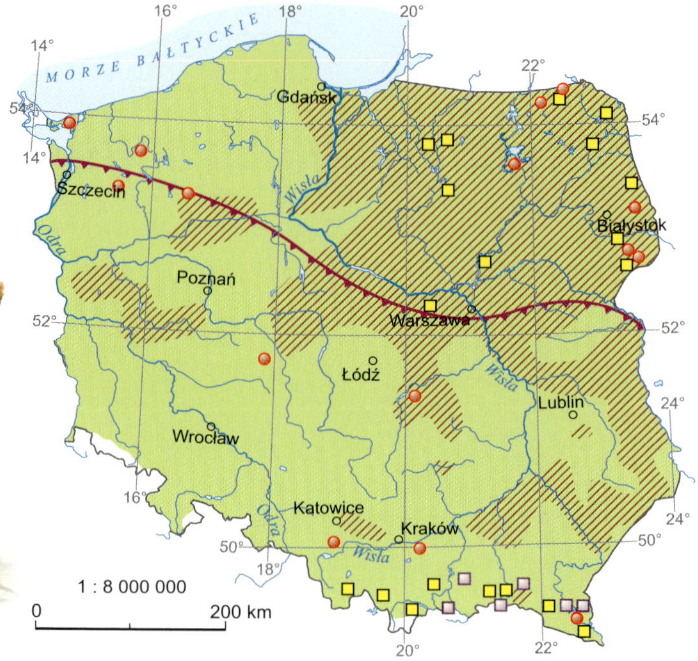

- żubr
- żbik
- ryś
- bóbr europejski
- nocek duży
- łoś
- ssaki występujące na terenie całej Polski
- ssaki objęte ścisłą ochroną gatunkową
- ssaki objęte częściową ochroną gatunkową

żubr

bóbr

nocek duży – północna granica występowania

dzik

ryś

zając

lis

żbik

borsuk

jeż

mysz

wydra

Organizmy chronione w Polsce

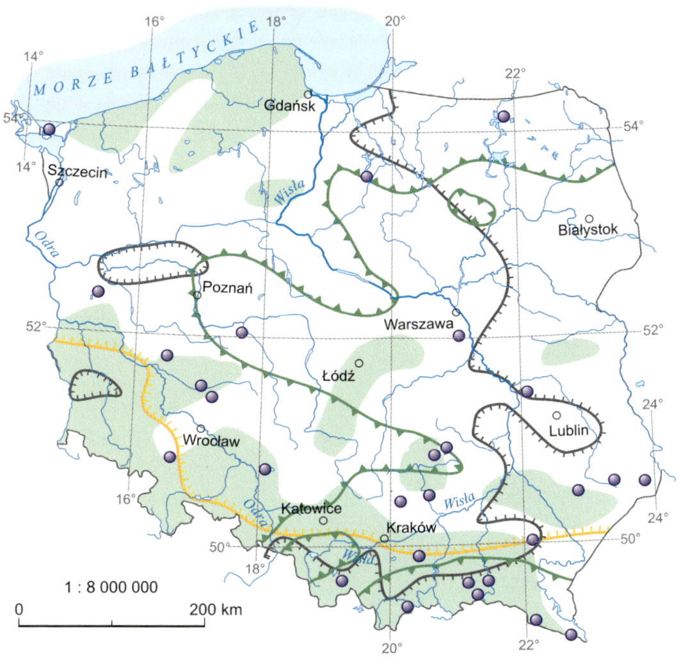

podrzeń żebrowiec
cis pospolity
grzybienie białe
wilk
jelonek rogacz
organizmy występujące na terenie całej Polski

wilk – zachodnia granica występowania

perkoz dwuczuby

jelonek rogacz

tygrzyk paskowany

sasanka łąkowa

cis pospolity – wschodnia granica występowania

okratek czerwony – bardzo rzadki

grzybienie białe – południowa granica występowania

widłak goździsty

podrzeń żebrowiec

Podział administracyjny Polski

1 : 4 000 000

Godłem Polski jest orzeł na czerwonym tle.

Sejm to miejsce, w którym tworzy się i podpisuje ustawy regulujące funkcjonowanie kraju.

Flaga Polski jest biało-czerwona.

Ukształtowanie powierzchni Polski

1 : 4 000 000

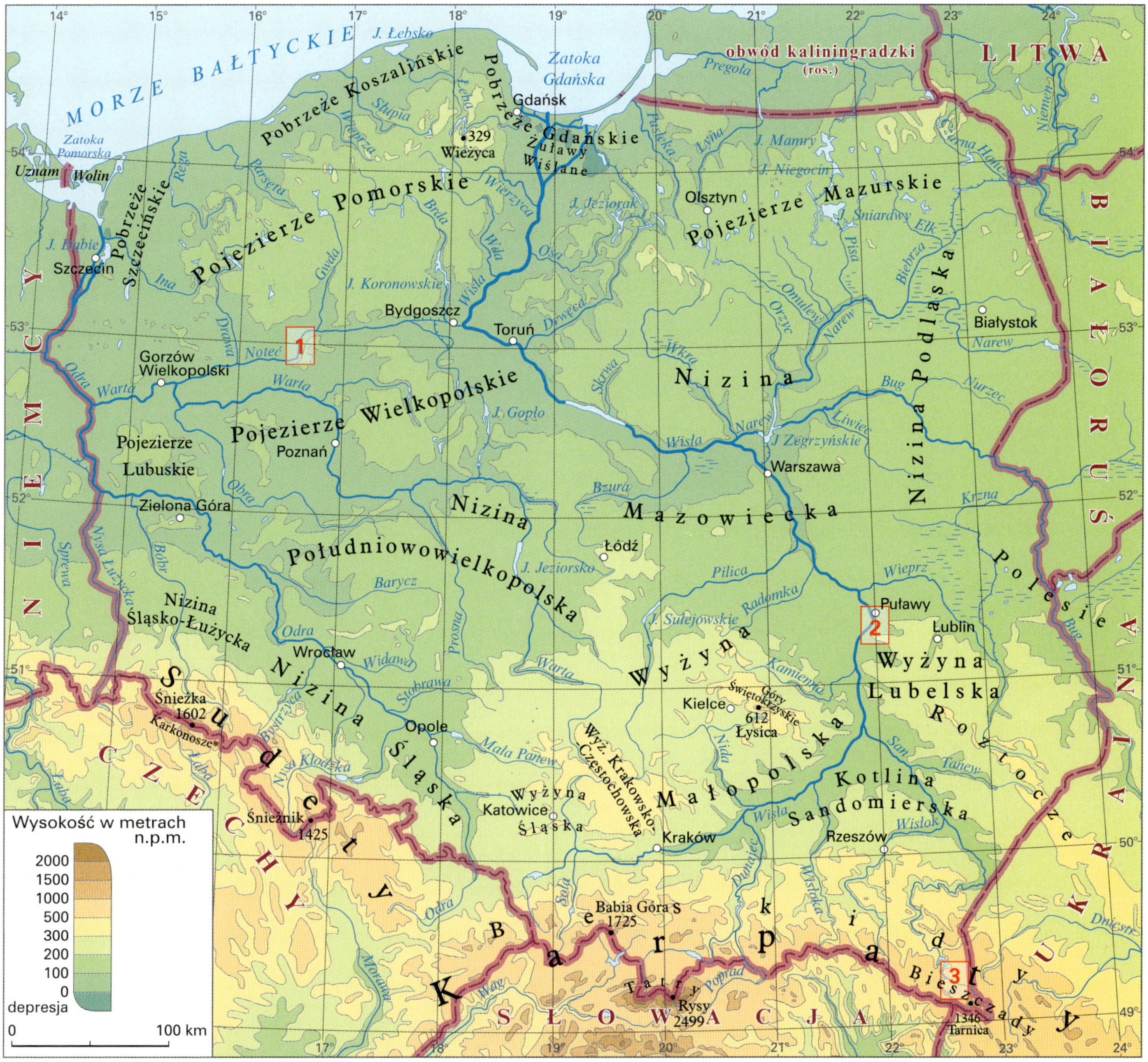

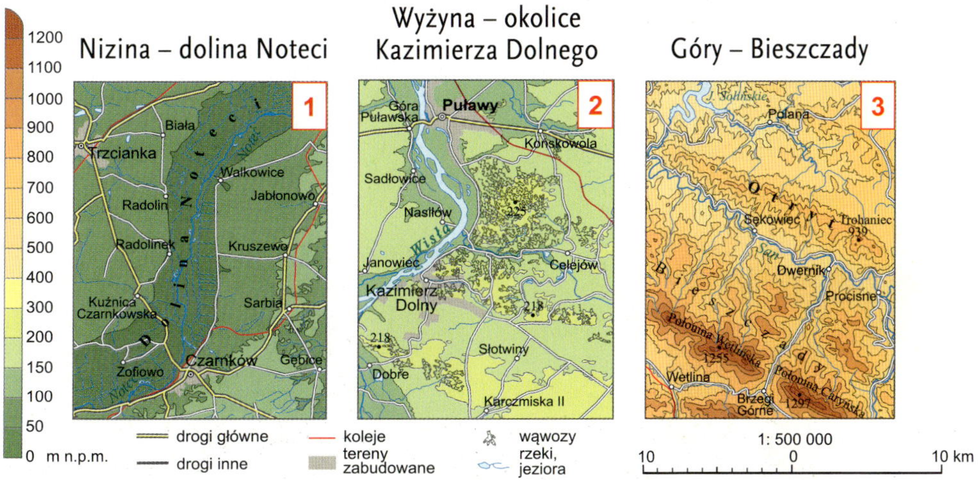

Wody powierzchniowe Polski

1 : 4 000 000

Zlewisko Morza Bałtyckiego:
- dorzecze Wisły
- dorzecze Odry
- rzeki przymorza
- dorzecze Niemna

Zlewisko Morza Czarnego:
- dorzecze Dniestru
- dorzecze Dunaju
- dorzecze Dniepru

Zlewisko Morza Północnego:
- dorzecze Łaby

Jeziora:
- dawne zatoki morskie
- pochodzenia lodowcowego
- pochodzenia krasowego
- główne skupiska stawów
- jeziora sztuczne, zaporowe

- bagna
- kanały żeglowne

Bagna (tu biebrzańskie) są ważnymi magazynami wody w przyrodzie.

Jeziora to zbiorniki wody powstałe najczęściej po ustąpieniu lądolodu wiele tysięcy lat temu.

Budowa rzeki

Rzeki są ważnym elementem krajobrazu Polski. Większość z nich ma źródła na południu kraju i płynie ku północy i zachodowi. Najdłuższymi rzekami Polski są Wisła i Odra.

W **górnym biegu rzeki** woda płynie bardzo szybko; główny strumień jest zasilany przez płynące z gór potoki.

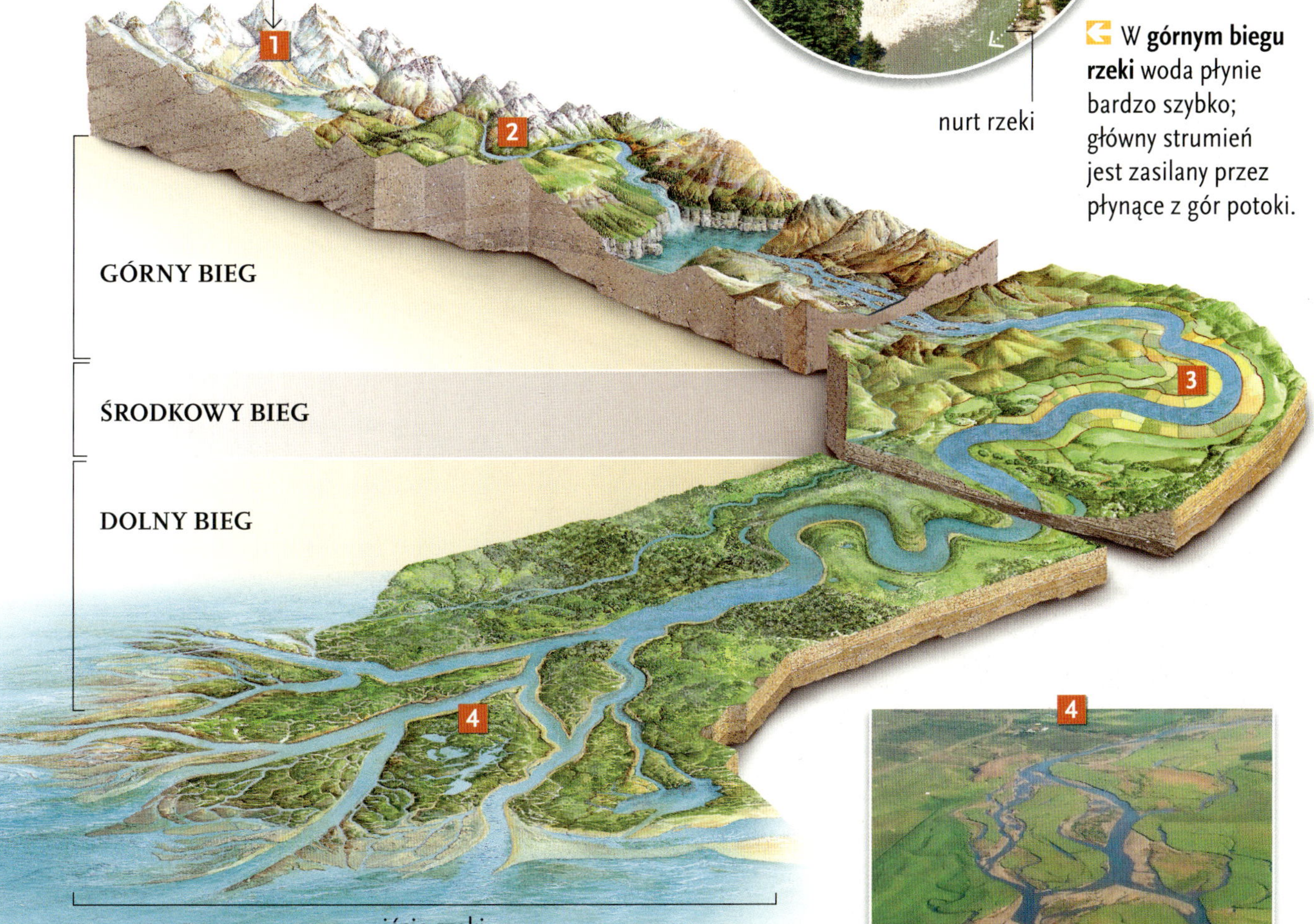

Źródło rzeki to miejsce, w którym rzeka ma swój początek.

Rzeka w **środkowym biegu** płynie dość wolno; jej koryto jest szersze niż w górnym odcinku.

Dolny bieg rzeki to ostatni odcinek, który kończy się ujściem do większej rzeki lub dużego zbiornika, na przykład morza.

Gleby w Polsce

1 : 4 000 000

Gleby:

- bielicowe i rdzawe
- brunatnoziemne (brunatne i płowe)
- czarnoziemy
- czarne ziemie
- mady
- bagienne i pobagienne
- rędziny i pararędziny
- górskie
- zniszczone w wyniku rozwoju miast i przemysłu

Gleby bielicowe powstają na piaskach. Najczęściej rosną na nich bory sosnowe.

Czarnoziemy są glebami żyznymi, na których uprawia się głównie zboża.

Na terenach górzystych gleby są słabo wykształcone i mają płytki profil.

Profil glebowy

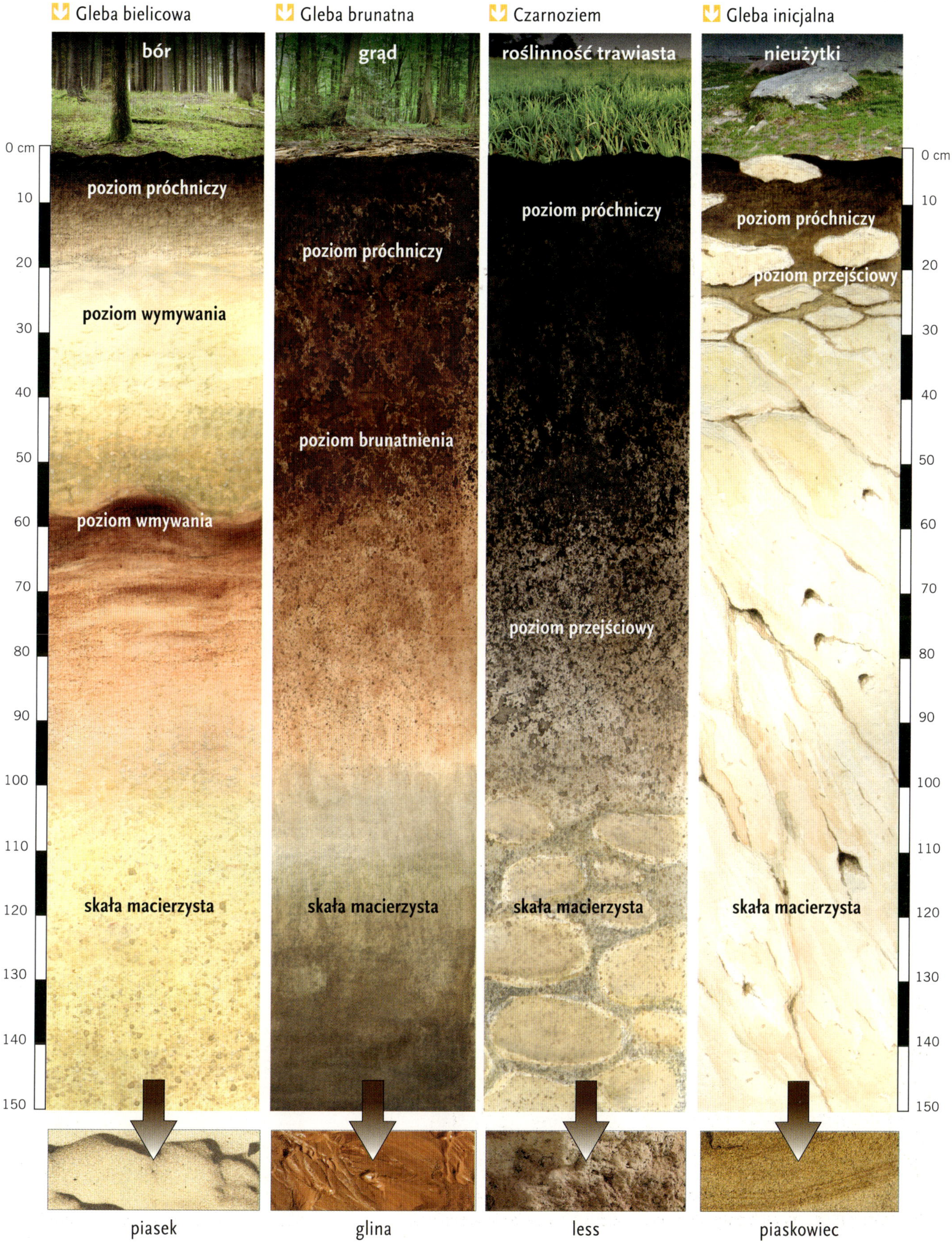

Lasy w Polsce

1 : 4 000 000

1 Puszcza Wkrzańska
2 Puszcza Goleniowska
3 Puszcza Bukowa
4 Puszcza Darżlubska
5 Puszcza Gorzowska
6 Puszcza Drawska
7 Bory Tucholskie
8 Puszcza Bydgoska
9 Puszcza Notecka
10 Puszcza Piska
11 Puszcza Borecka
12 Puszcza Romincka
13 Puszcza Augustowska
14 Puszcza Kurpiowska
15 Puszcza Knyszyńska
16 Puszcza Biała
17 Puszcza Białowieska
18 Puszcza Kampinoska
19 Puszcza Rzepińska
20 Bory Dolnośląskie
21 Bory Stobrawskie
22 Puszcza Pilicka
23 Puszcza Świętokrzyska
24 Puszcza Kozienicka
25 Puszcza Solska
26 Puszcza Sandomierska
27 Puszcza Niepołomicka
28 Puszcza Karpacka

Bór to las z przewagą drzew iglastych – sosny i świerka.

Charakterystycznymi drzewami **grądu** są graby i dęby.

Ols – porośnięty głównie olszami – występuje na żyznych terenach bagiennych.

Występowanie drzew na naturalnych stanowiskach w Polsce

dąb bezszypułkowy

wierzba biała

lipa drobnolistna

grab zwyczajny

klon zwyczajny

buk zwyczajny

olsza czarna

jesion wyniosły

brzoza brodawkowata

sosna zwyczajna

świerk pospolity

modrzew europejski

jodła pospolita

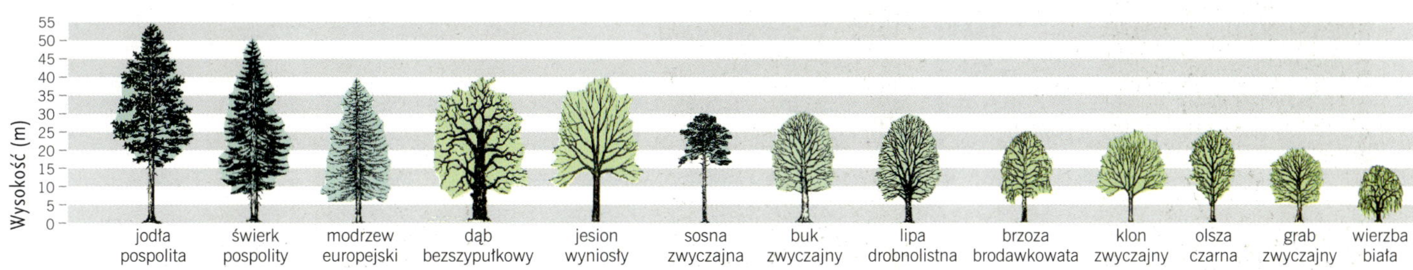

Turystyka i rekreacja w Polsce

1 : 4 000 000

obszary o dużych walorach turystyczno-wypoczynkowych

parki narodowe

zespoły zabytkowe

zamki

zabytkowe pałace, kościoły, forty

zabytki przemysłowe i techniczne

miejsca pamięci narodowej

uzdrowiska (wybrane)

miejscowości wypoczynkowe (wybrane)

katolickie miejsca pielgrzymkowe (główne)

prawosławne miejsca pielgrzymkowe (główne)

MRU Międzyrzecki Rejon Umocniony

KL Ausch.-B. *Konzentrationslager Auschwitz--Birkenau (niemiecki nazistowski obóz koncentracyjny i zagłady Auschwitz-Birkenau) w Oświęcimiu*

Drogowskazy na górskich szlakach ułatwiają planowanie trasy i czasu wycieczki.

W wielu miastach Polski, na przykład w Warszawie, można spacerować po urokliwym **Starym Mieście.**

W nadmorskim **Trzęsaczu**, na klifie, znajdują się ruiny gotyckiego kościoła.

Ośrodki kultury w Polsce

1 : 4 000 000

teatry

teatry muzyczne, opery, operetki

Liczba teatrów w mieście:

1–6, 7–10, 11–20, 21–40

filharmonie

festiwale muzyki poważnej

muzea narodowe

wybrane skanseny

Kluki

Jawor – miejscowości, w których znajdują się obiekty Światowego Dziedzictwa UNESCO

Puszcza Białowieska – obiekty Światowego Dziedzictwa UNESCO

KL Ausch.-B. *Konzentrationslager Auschwitz-Birkenau (niemiecki nazistowski obóz koncentracyjny i zagłady Auschwitz-Birkenau) w Oświęcimiu*

Filharmonia Bałtycka w Gdańsku powstała w zabytkowych budynkach dawnej elektrowni miejskiej.

Skansen w Białowieży założono na terenie dawnej wsi zamieszkiwanej przez ruską ludność Podlasia.

Teatr im. Juliusza Słowackiego był pierwszym budynkiem w Krakowie z oświetleniem elektrycznym.

Bogactwa mineralne w Polsce

1 : 4 000 000

SUROWCE ENERGETYCZNE

Obszary występowania:

- węgla kamiennego
- węgla brunatnego
- ropy naftowej
- gazu ziemnego
- gazu ziemnego z łupków (pokłady udokumentowane)

Miejsca wydobycia:

- węgla kamiennego
- węgla brunatnego
- ropy naftowej
- gazu ziemnego

RUDY METALI

- żelazo (niewydobywane)
- miedź
- cynk i ołów

SUROWCE CHEMICZNE

- siarka rodzima (niewydobywana)
- sól kamienna
- sól potasowa

SUROWCE SKALNE

- granity i inne skały magmowe
- wapienie, dolomity i gipsy
- surowce nieenergetyczne

Miedź bardzo dobrze przewodzi prąd. Dlatego wykorzystywana jest do budowy instalacji elektrycznych.

Wapień, ze względu na łatwość obróbki, jest stosowany w budownictwie oraz jako materiał rzeźbiarski.

Związki **siarki** są wykorzystywane między innymi do produkcji nawozów sztucznych i leków.

Sól kamienna (halit) jest jednym z ważniejszych surowców w przemyśle spożywczym i chemicznym.

Przemysł w Polsce

1 : 4 000 000

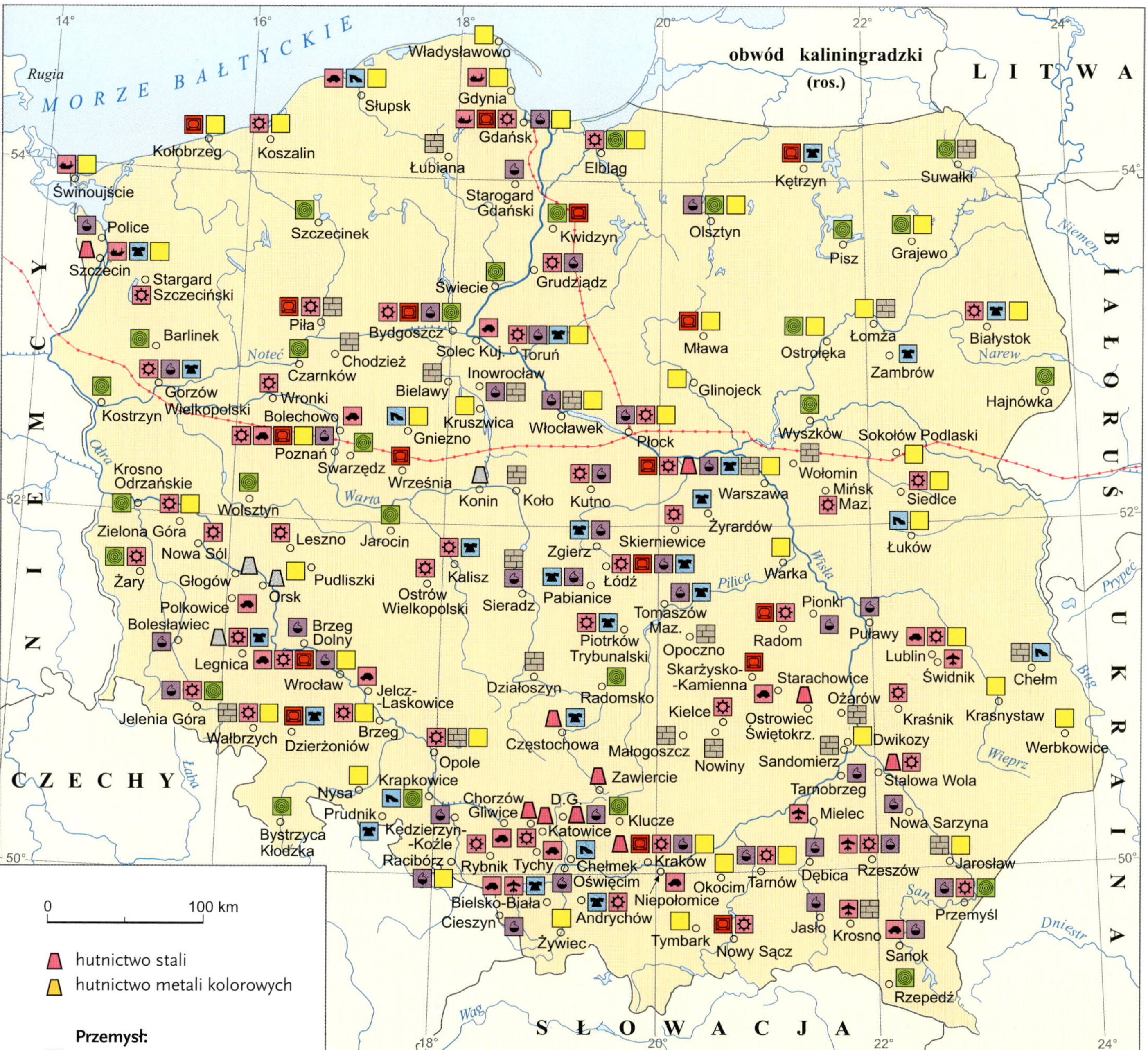

- hutnictwo stali
- hutnictwo metali kolorowych

Przemysł:

- maszynowy i metalowy
- stoczniowy
- samochodowy
- lotniczy
- elektroniczny, elektrotechniczny i precyzyjny
- chemiczny
- włókienniczy i odzieżowy
- skórzany i obuwniczy
- drzewny i papierniczy
- mineralny i cementowy
- spożywczy
- rurociągi ropy naftowej

D.G. Dąbrowa Górnicza

Stocznie w **Gdańsku** produkują statki już od końca XV wieku.

Pieczywo jest produktem spożywanym w naszym kraju powszechnie, ale jego konsumpcja z roku na rok się zmniejsza.

Rolnictwo w Polsce

1 : 4 000 000

obszary zabudowy miejskiej

Chów zwierząt:

100 000 sztuk bydła

100 000 sztuk trzody chlewnej

Obszary z dominacją upraw:

warzyw z ziemniakami

pszenicy z żytem, rzepakiem, ziemniakami i burakami cukrowymi

żyta i pszenżyta z jęczmieniem, rzepakiem, ziemniakami i roślinami pastewnymi

żyta i owsa z koniczyną

sadów

Obszary z dominacją:

łąk i pastwisk

lasów

Chów **trzody chlewnej** wiąże się z pozyskiwaniem mięsa, tłuszczu i skóry.

Powierzchnia upraw **rzepaku** w Polsce wzrosła w ostatnich latach do prawie miliona hektarów.

Sieć komunikacyjna w Polsce

1 : 4 000 000

autostrady

autostrady planowane lub w budowie

drogi krajowe dwujezdniowe

drogi krajowe

koleje

porty morskie

porty lotnicze

Modlin

Kolej jest z jednym z najtańszych i najbezpieczniejszych środków transportu.

Z połączeń **lotniczych** korzysta coraz więcej osób, również z przelotów w obrębie kraju.

W dużych miastach **komunikacja publiczna** (tramwaje, autobusy, metro) jest dobrze rozwinięta.

Zanieczyszczenie środowiska w Polsce

1 : 4 000 000

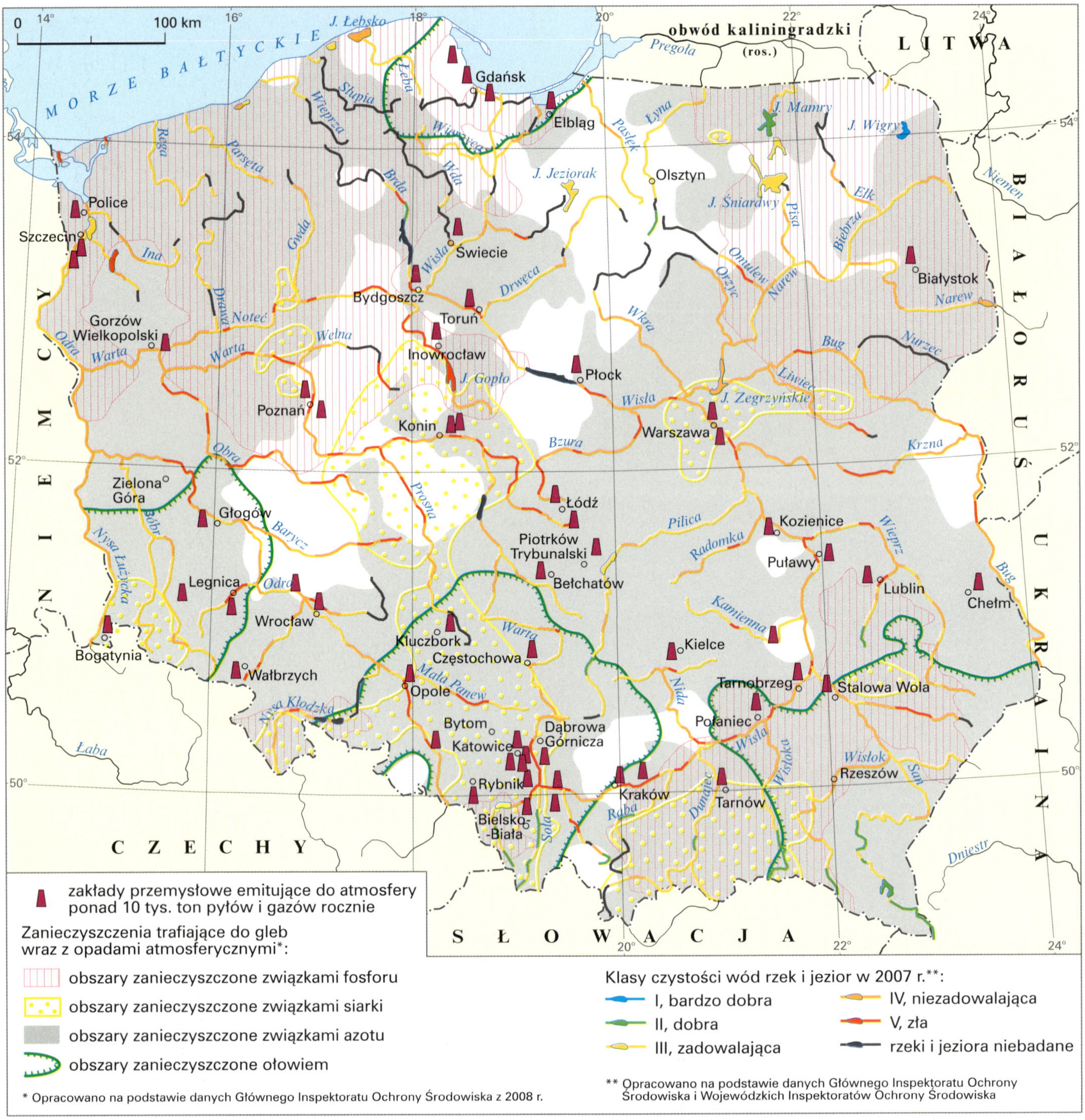

Pozbawione igieł drzewa w Karkonoszach to skutek **kwaśnych opadów.**

Huty i elektrownie są źródłem **zanieczyszczeń powietrza.**

Obszary chronione w Polsce

1 : 4 000 000

Tatrzański Park Narodowy jest wpisany na listę rezerwatów biosfery UNESCO.

W **Słowińskim Parku Narodowym** są chronione nadmorskie wydmy ruchome.

Ukształtowanie powierzchni Polski – część północna

Wydmy na **Półwyspie Helskim** osiągają wysokość 20 metrów.

Przeważający obszar **Niziny Mazowieckiej** to tereny równinne.

0 50 km

1 : 2 000 000

Liczne jeziora **Pojezierza Mazurskiego** są pozostałością lądolodu skandynawskiego.

Na pagórkowatym terenie **Suwalszczyzny** występują wzniesienia nawet do 300 m n.p.m.

Ukształtowanie powierzchni Polski – część południowa

Roztocze jest wyraźnie wypiętrzonym wałem wzniesień osiągającym w Polsce wysokość 390 m n.p.m.

Góry Stołowe są zbudowane głównie z piaskowca podatnego na procesy wietrzenia.

Na łagodnych stokach **Beskidów** znajdują się pola uprawne.

W Polskich **Tatrach** jest wiele wysokich szczytów; najwyższy szczyt – Rysy – ma wysokość 2499 m n.p.m.

Krajobrazy Polski – część północna

Na wybrzeżu częstym widokiem są nadmorskie **wydmy**.

Zamek w Malborku to największy zachowany zespół gotyckiej architektury na świecie.

Czarna Hańcza – rzeka, która ma źródło wśród morenowych wzgórz Suwalszczyzny – uchodzi do Niemna na Białorusi.

Na terenie rezerwatów **Puszczy Białowieskiej**, przyroda rządzi się własnymi prawami.

Krajobrazy Polski – część południowa

Dawniej na wzniesieniach budowano obiekty fortyfikacyjne w celach obronnych. Przykładem jest **zamek Dunajec** w Niedzicy.

Na rzekach płynących w zróżnicowanym górskim terenie często powstają **wodospady**.

Wąwóz to rodzaj suchej doliny o stromych zboczach. Tu przykład wapiennego wąwozu koło Sandomierza.

Lasy bukowe **w Bieszczadach**, najpiękniej wyglądają jesienią.

Podział polityczny Europy

Flagi państw europejskich nienależących do Unii Europejskiej

Albania

Andora

Białoruś

Bośnia i Hercegowina

Chorwacja

Czarnogóra

Islandia

Liechtenstein

Macedonia

Mołdawia

Monako

Norwegia

Rosja

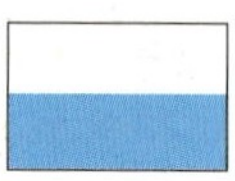
San Marino

Serbia

Szwajcaria

Ukraina

Watykan

Unia Europejska

flaga Unii Europejskiej

W gmachu **Parlamentu Europejskiego** w **Strasburgu** (Francja) ustanawiane są prawa obowiązujące w całej Unii Europejskiej.

- państwa założycielskie Wspólnot Europejskich (1952–1958) i Unii Europejskiej (od 1993 r.)

Rok przystąpienia do Wspólnot Europejskich i Unii Europejskiej:

- 1973 r.
- 1981 r.
- 1986 r.
- Niemcy Wschodnie (NRD) włączone do Wspólnot Europejskich w wyniku zjednoczenia Niemiec (1990 r.)
- 1995 r.
- 2004 r.
- 2007 r.
- państwa ubiegające się o przyjęcie do Unii Europejskiej

LUKS. – LUKSEMBURG

— granice państw

Flagi państw Unii Europejskiej

Austria, Belgia, Bułgaria, Cypr, Czechy, Dania, Estonia, Finlandia, Francja

Grecja, Hiszpania, Holandia, Irlandia, Litwa, Luksemburg, Łotwa, Malta, Niemcy

Polska, Portugalia, Rumunia, Słowacja, Słowenia, Szwecja, Węgry, Wielka Brytania, Włochy

Ukształtowanie powierzchni Europy

1 : 25 000 000

Wzdłuż linii brzegowej **Chorwacji** znajdują się charakterystyczne wydłużone wyspy.

Położona na Sycylii Etna jest najwyższym wulkanem Europy. Jej wysokość na skutek wybuchów ulega ciągłym zmianom.

Krajobrazy Europy

1 : 25 000 000

- obszary przemysłowo-składowe oraz zurbanizowane
- krajobrazy rolnicze
- nieużytki, skały, wrzosowiska
- obszary górskie o piętrowej strukturze roślinności
- lodowce i lądolody
- strefa paku lodowego (kry i góry lodowe)
- tundra
- lasotundra
- tajga
- lasy liściaste i mieszane
- lasy i zarośla śródziemnomorskie
- stepy i pastwiska na stepach
- pustynie
- półpustynie
- szelf
- rzeki okresowe i słone jeziora okresowe
- szczyty i najniższe punkty depresji
- wulkany
- granice państw

W południowo-zachodniej części **Wielkiej Brytanii** wybrzeże w wielu miejscach ma charakter klifowy.

Ukształtowanie powierzchni Europy – część północna

Na **Islandii** możemy podziwiać barwne zjawisko zorzy polarnej.

W Północnej części Europy, głównie na **Półwyspie Skandynawskim**, znajdują się fiordy – wąskie, głębokie zatoki morskie.

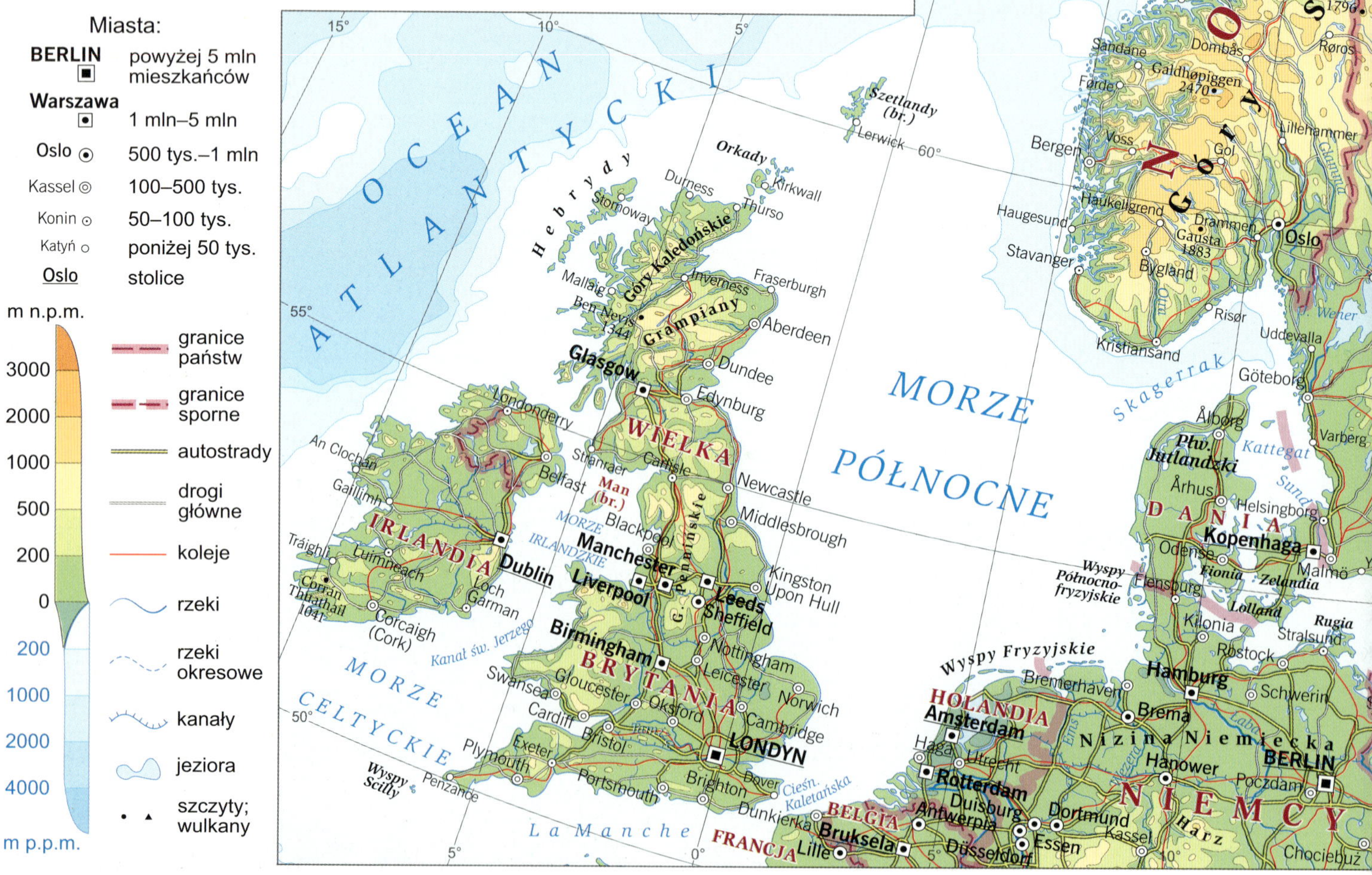

Pastwiska na północy **Wielkiej Brytanii** są oddzielone charakterystycznymi kamiennymi ogrodzeniami.

Na **Pojezierzu Fińskim** znajduje się około 55 tysięcy jezior pochodzenia polodowcowego.

Zamek Neuschwanstein został wzniesiony w **niemieckiej części Alp** i jest jednym z najwspanialszych zabytków kraju.

Wołga, płynąca przez Rosję, jest najdłuższą rzeką Europy.

Ukształtowanie powierzchni Europy – część południowa

0 200 km

1 : 10 000 000

Na południu Europy, na przykład we włoskiej **Toskanii**, panują doskonałe warunki do uprawy winorośli.

Alpy, wraz z najwyższym szczytem Europy **Mont Blanc**, zachwycają ostrymi szczytami i licznymi lodowcami.

Nad stolicą **Grecji – Atenami** – górują ruiny starożytnego Partenonu.

Wybrzeże **Hiszpanii** przyciągają turystów szerokimi piaszczystymi plażami.

Podział polityczny Świata

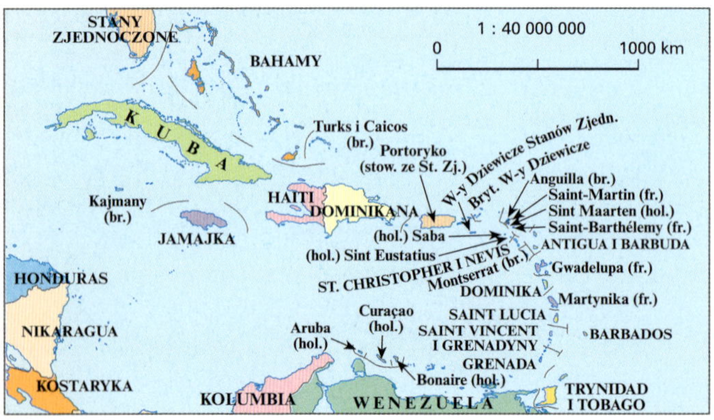

EUROPA

1 ANDORA
2 BELGIA
3 BOŚNIA I HERCEGOWINA
4 CHORWACJA
5 CZARNOGÓRA
6 HOLANDIA
7 Kosowo
8 LIECHTENSTEIN
9 LUKSEMBURG
10 MACEDONIA
11 MONAKO
12 SAN MARINO
13 SŁOWACJA
14 SŁOWENIA
15 SZWAJCARIA

Państwa o największej powierzchni

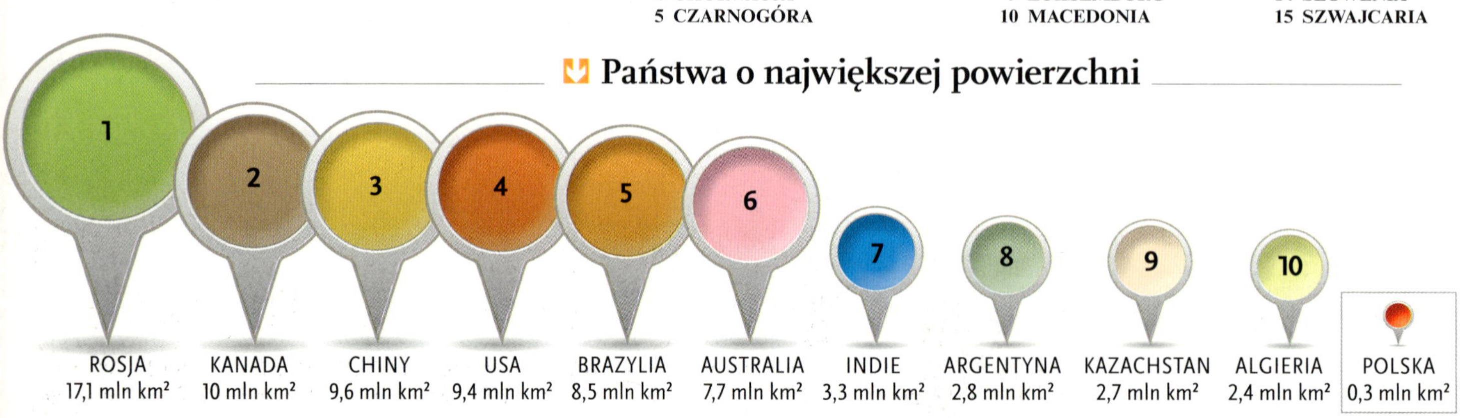

1 : 110 000 000

1 mln km²

AFRYKA
16 BURKINA FASO
17 BURUNDI
18 GAMBIA
19 GWINEA BISSAU
20 GWINEA RÓWNIKOWA
21 REPUBLIKA ŚRODKOWOAFRYKAŃSKA
22 RWANDA
23 TOGO
24 WYBRZEŻE KOŚCI SŁONIOWEJ

AZJA
25 ARMENIA
26 Autonomia Palestyńska
27 AZERBEJDŻAN
28 BAHRAJN
29 GRUZJA
30 IZRAEL
31 JORDANIA
32 KATAR
33 KUWEJT
34 LIBAN
35 TADŻYKISTAN
36 ZJEDNOCZONE EMIRATY ARABSKIE

Najludniejsze państwa świata

Dane: 2011 r.

Ukształtowanie powierzchni Ziemi

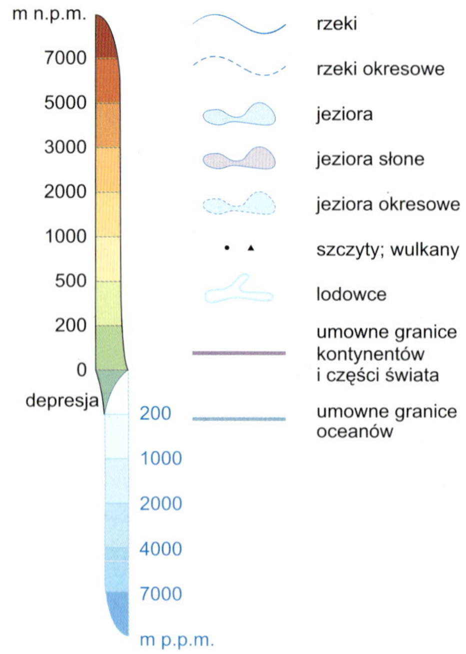

Najwyższe szczyty kontynentów i części świata

AFRYKA
Kibo
(masyw Kilimandżaro, Tanzania)
5895 m n.p.m.

AMERYKA POŁUDNIOWA
Aconcagua
(Argentyna)
6962 m n.p.m.

AZJA
Mount Everest
(Chiny – Nepal)
8850 m n.p.m.

AMERYKA PÓŁNOCNA
McKinley
(Stany Zjednoczone, Alaska) 6194 m n.p.m.

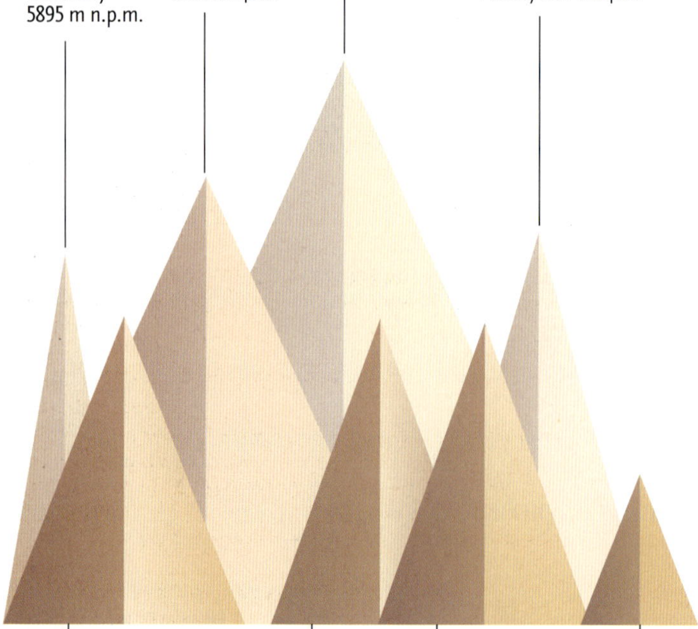

ANTARKTYDA
Masyw Vinsona
(Antarktyda)
4892 m n.p.m.

OCEANIA
Puncak Jaya
(Indonezja)
4884 m n.p.m.

EUROPA
Mont Blanc
(Francja – Włochy)
4810 m n.p.m.

AUSTRALIA
Góra Kościuszki
(Australia)
2230 m n.p.m.

Największe wyspy

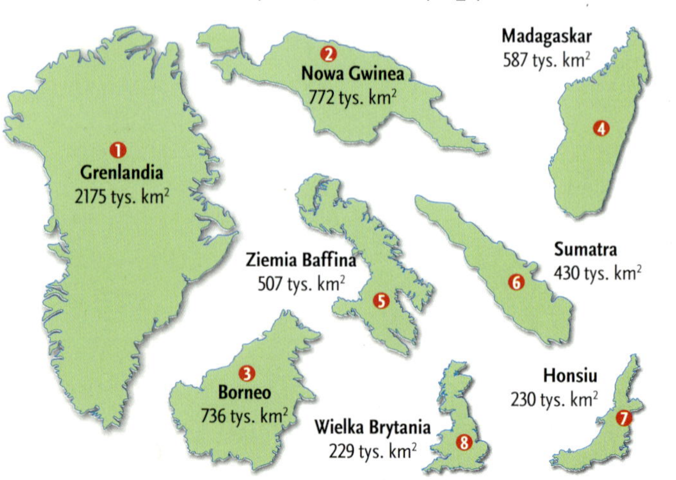

Największe jeziora

Morze Kaspijskie (Azerbejdżan, Iran, Kazachstan, Rosja, Turkmenistan) ok. 376 000 km²

Jezioro Górne (Kanada, Stany Zjednoczone) 82 400 km²

Huron (Kanada, Stany Zjednoczone) 59 600 km²

Jezioro Wiktorii (Kenia, Tanzania, Uganda) 68 100 km²

Michigan (Stany Zjednoczone) 57 800 km²

Tanganika (Burundi, Demokratyczna Republika Konga, Tanzania, Zambia) 34 400 km²

Bajkał (Rosja) 31 500 km²

Wielkie Jezioro Niedźwiedzie (Kanada) 31 100 km²

Najdłuższe rzeki na Ziemi

- **Nil (z Kagerą)** 6671 km
- **Amazonka (z Ukajali)** 6516 km, ale Amazonka (z Ukajali i Carhuasantą) 7025 km
- **Jangcy** 6300 km
- **Missisipi (z Missouri)** 5970 km
- **Jenisej (z Angarą i Selengą)** 5550 km
- **Ob (z Irtyszem)** 5410 km
- **Parana** 4880 km
- **Rzeka Żółta (Huang He)** 4670 km
- **Mekong** 4500 km
- **Amur (z Arguniem)** 4440 km

Ruchy Ziemi

Ruch obiegowy (wokół Słońca)

Ziemia obiega Słońce po torze zwanym orbitą. Czas pełnego okrążenia trwa jeden rok. W tym okresie na Ziemi zmieniają się pory roku. Na rysunku przedstawiono wysokość Słońca nad widnokręgiem w pierwszych dniach każdej z poszczególnych pór roku w Polsce.

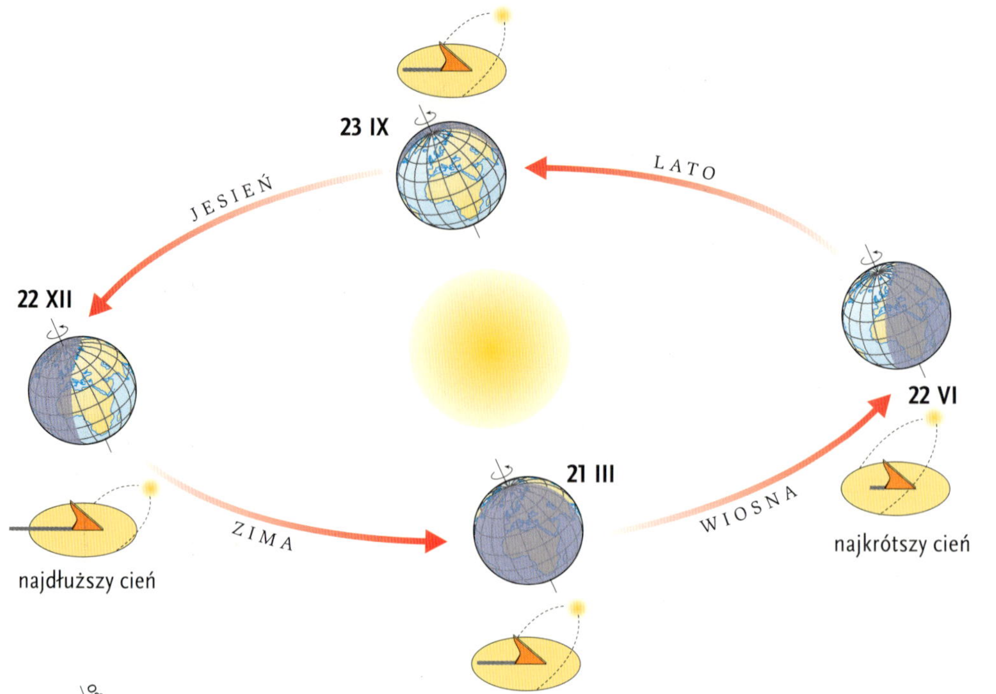

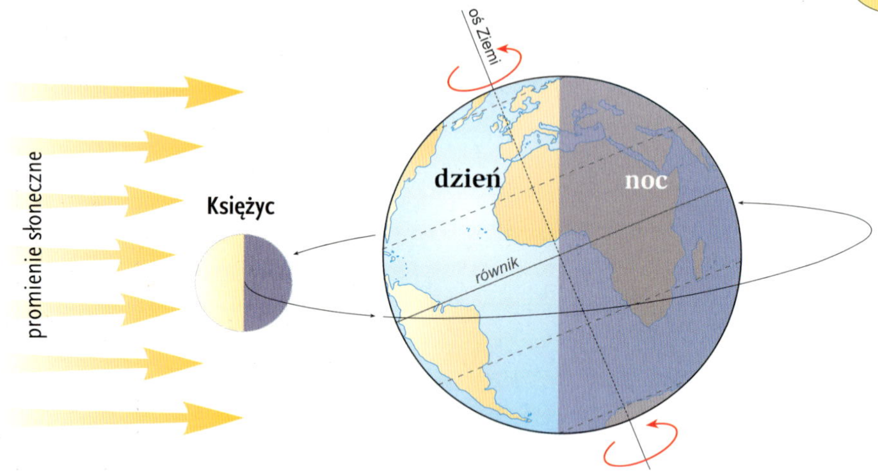

Ruch obrotowy (wokół własnej osi)

Ziemia obraca się wokół własnej osi, która łączy oba bieguny planety. Obrót Ziemi odbywa się z zachodu na wschód i trwa 24 godziny, czyli dobę. Dzięki ruchowi obrotowemu na Ziemi występują na zmianę dzień i noc.

Strefy czasowe na Ziemi

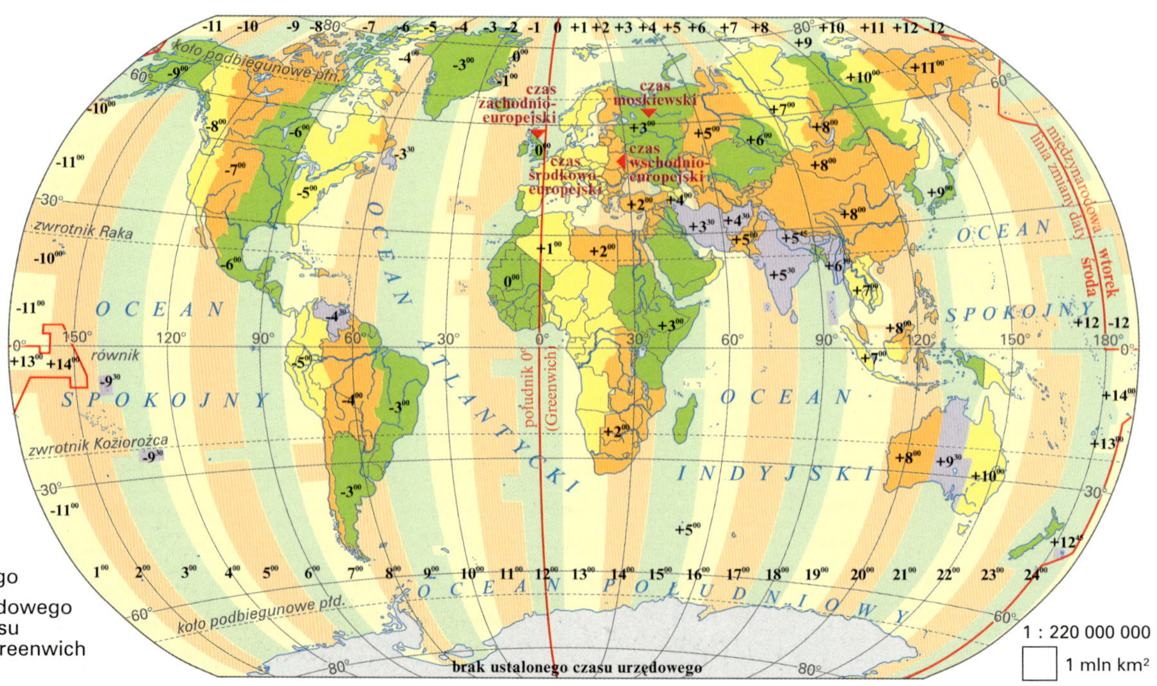

Czas urzędowy:
- strefy czasowe na lądzie
- strefy czasowe na morzu
- czas przesunięty o część godziny w stosunku do czasu strefowego
- +2⁰⁰ różnica czasu urzędowego w stosunku do czasu uniwersalnego – Greenwich (w godzinach)

Strefy klimatów na Ziemi

1 Czeluskin (Rosja)
(77°43'N ; 104°18'E)

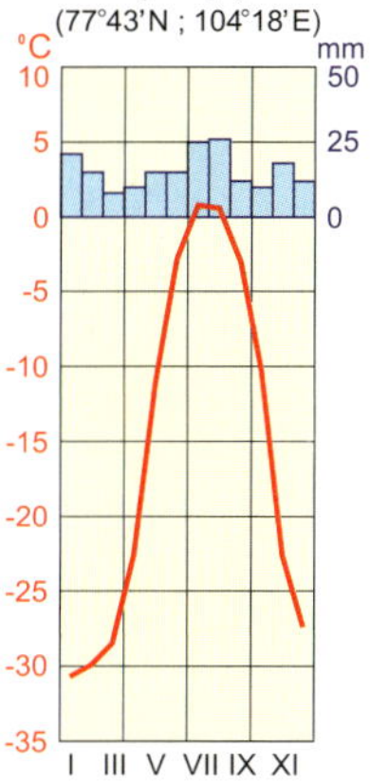

2 Wostok (Antarktyda)
(78°28'S ; 106°52'E)

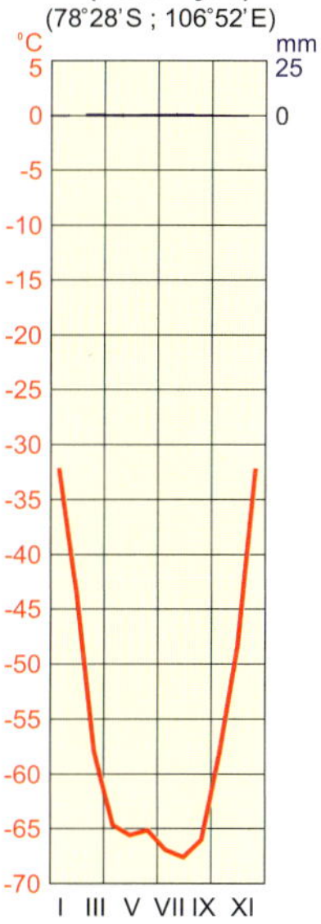

3 Boston (Stany Zjednoczone)
(42°22'N ; 71°05'W)

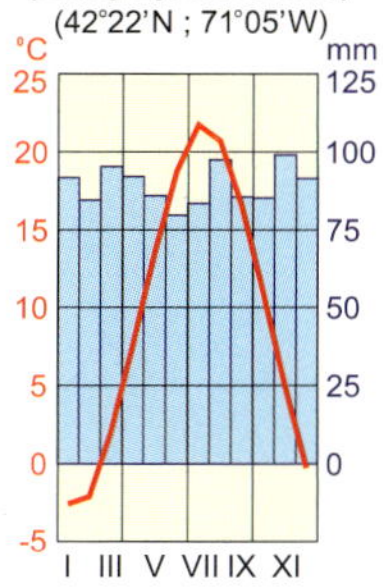

4 Bordeaux (Francja)
(44°50'N ; 0°42'W)

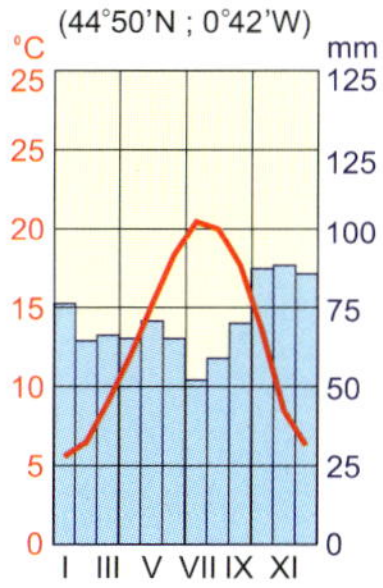

5 Wołgograd (Rosja)
(48°44'N ; 44°25'E)

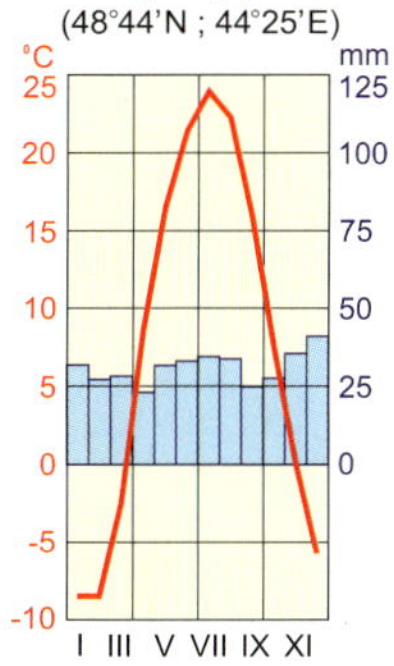

6 Aszchabad (Turkmenistan)
(37°58'N ; 58°18'E)

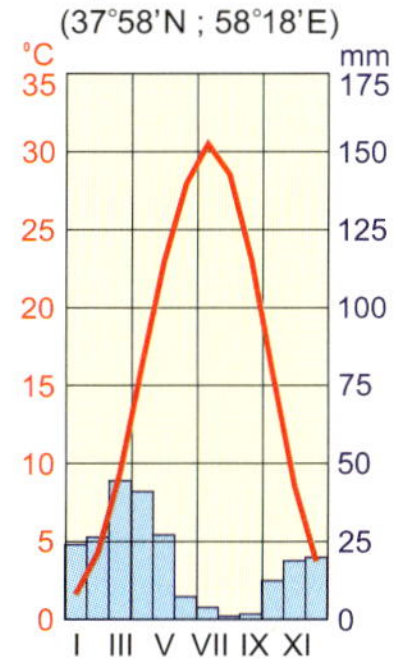

7 Palermo (Włochy)
(38°07'N ; 13°19'E)

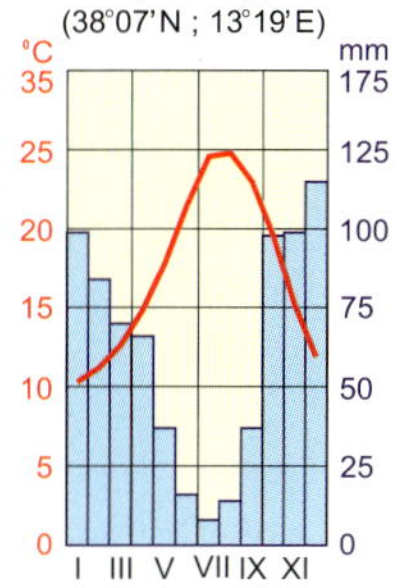

8 Luksor (Egipt)
(25°40'N ; 32°42'E)

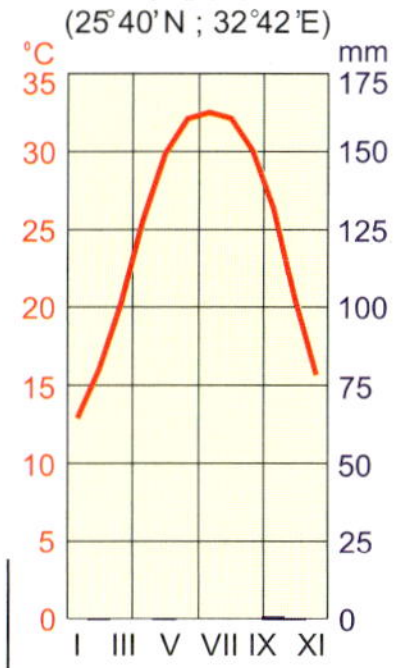

9 Bombaj (Indie)
(19°05'N ; 72°52'E)

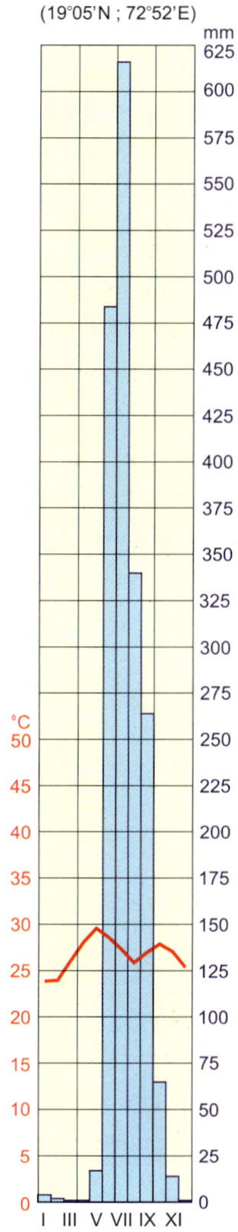

10 Antofagasta (Chile)
(23°26'S ; 70°24'W)

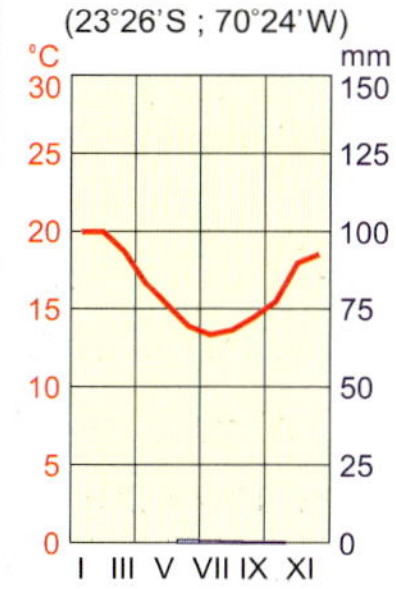

11 Melbourne (Australia)
(37°49'S ; 144°58'W

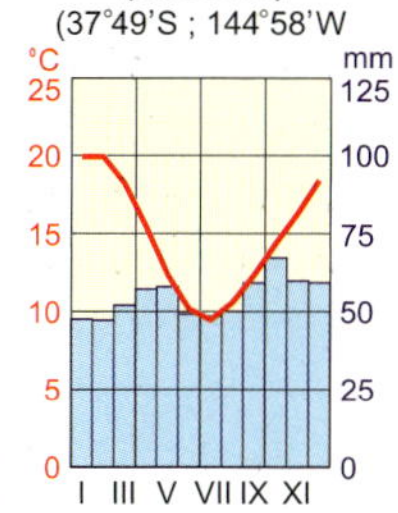

12 Iquitos (Peru)
(3°46'S ; 73°15'W)

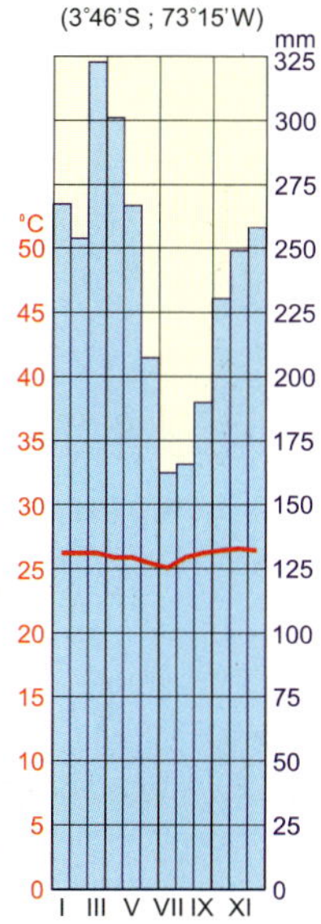

13 Bamako (Mali)
(12°32'N ; 7°54'W)

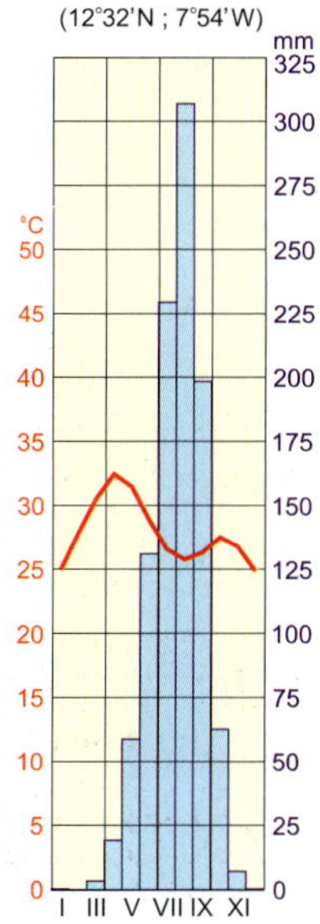

Strefy klimatów:

LĄDY | MORZA
- równikowych
- zwrotnikowych
- podzwrotnikowych
- umiarkowanych
- okołobiegunowych

Obszary, na których strefowość klimatów jest zaburzona:
- klimat wysokogórski
- klimat monsunowy
- pustynie
- 1 stacje klimatyczne

- opady
- temperatura powietrza

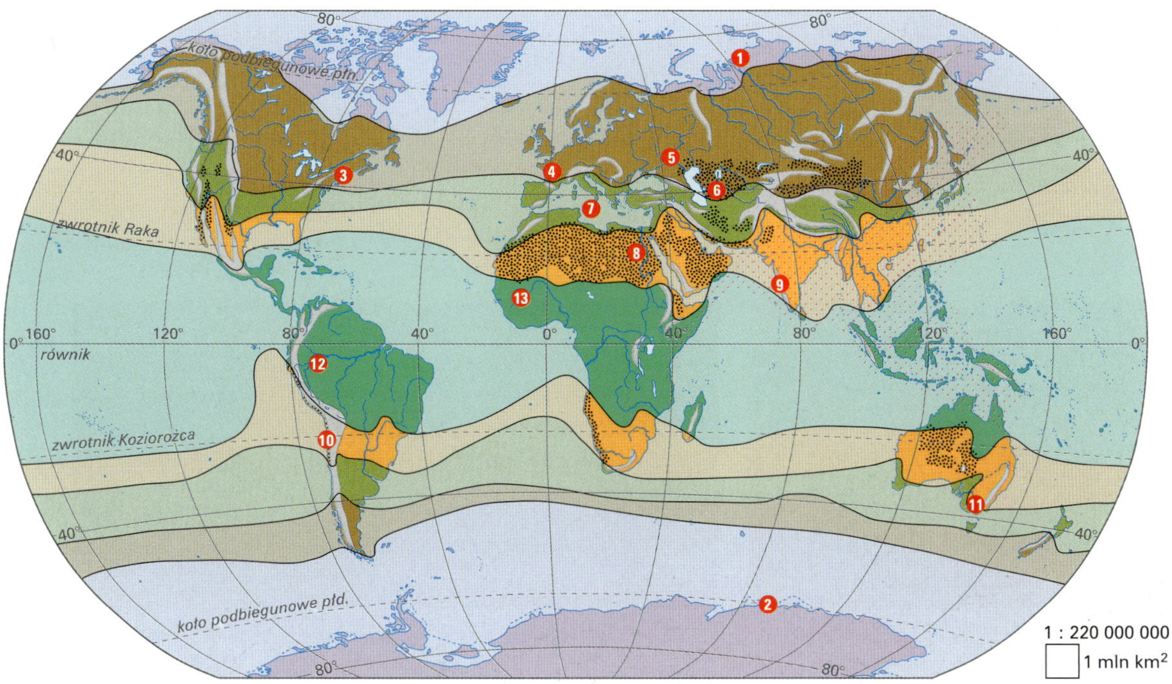

1 : 220 000 000

1 mln km²

Krajobrazy Ziemi

Na brzegach **Antarktydy – lodowej pustyni** – żyją miliony pingwinów.

Tundrę porastają niewielkie rośliny tworzące wielobarwny kobierzec.

Na trawiastych terenach kazachskich **stepów** pasą się dzikie konie.

krajobrazy rolnicze
obszary górskie o piętrowej strukturze roślinności
lodowce szelfowe
lodowce i lądolody
tundra
lasotundra
tajga
lasy liściaste i mieszane

Roślinność Chorwacji jest charakterystyczna dla **krajobrazu śródziemnomorskiego**.

Tajga, to borealne lasy iglaste występujące między innymi w Kanadzie.

stepy i pastwiska na stepach

lasy i zarośla śródziemnomorskie

pustynie

półpustynie

krajobrazy sawann i pastwiska na sawannach

suche widne lasy strefy podzwrotnikowej z pastwiskami i polami

wilgotne lasy równikowe

Sawannę w Afryce porastają wysokie trawy, wśród których żyją między innymi zebry i antylopy.

Wilgotny las równikowy charakteryzuje ogromna różnorodność roślinności.

Zwierzęta na Ziemi

Zwierzęta mięsożerne

tygrys bengalski

mrówkojad

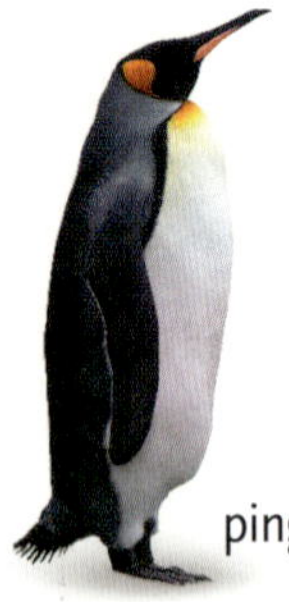
pingwin

niedźwiedź polarny

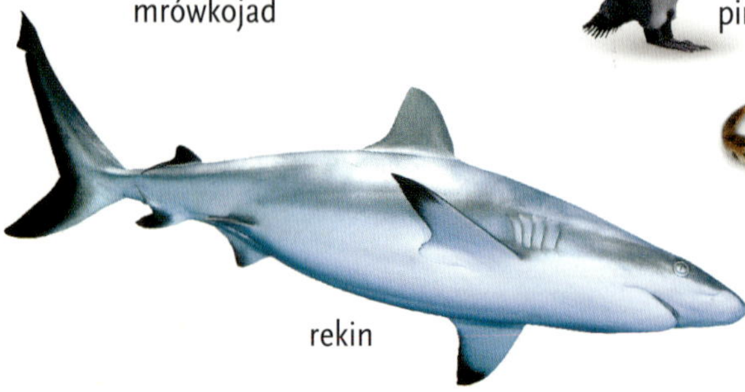
rekin

wąż boa

krokodyl

pancernik

Zwierzęta roślinożerne

bizon

goryl

wielbłąd

kangur

koliber

rajski ptak

łoś

lama

tapir

wombat

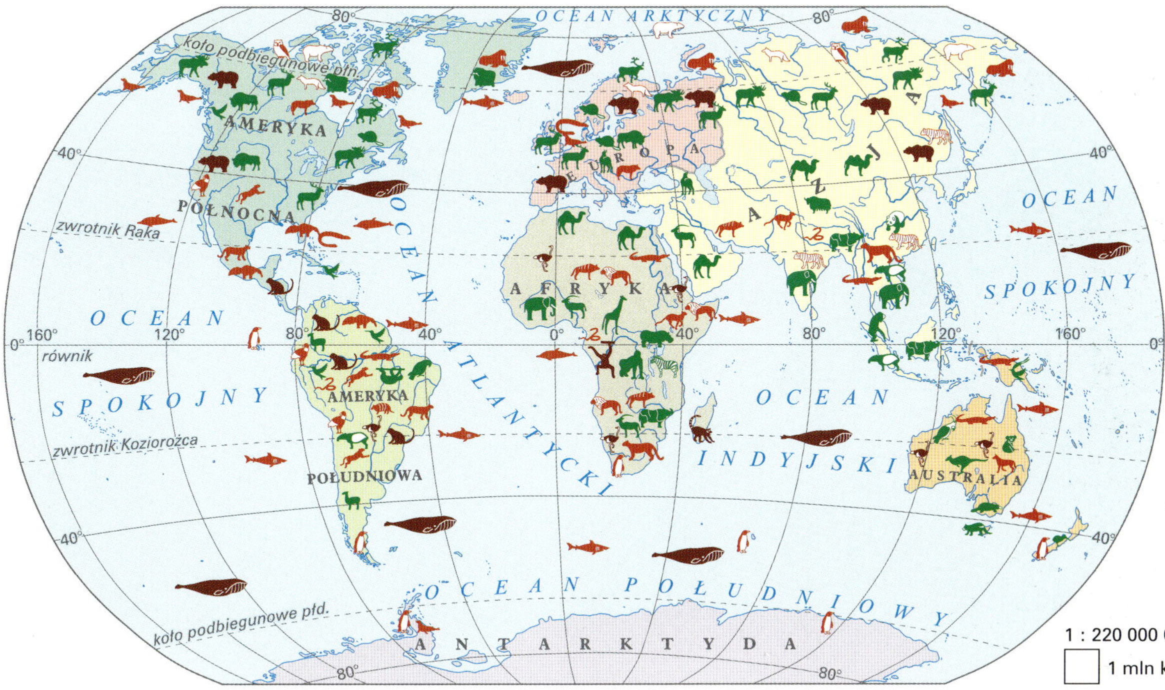

Mięsożerne:

- delfiny
- dingo
- foki
- gepardy
- hieny
- jaguary
- kondory
- krokodyle
- lisy polarne
- lwy
- morsy
- mrówkojady
- niedźwiedzie polarne
- pancerniki
- pantery
- pingwiny
- pumy
- rekiny
- sowy śnieżne
- tygrysy
- węgorze
- węże dusiciele
- wilki

Roślinożerne:

- antylopy
- baktriany
- bizony
- bobry
- dziobaki
- dromadery
- goryle
- hipopotamy
- jaki
- jelenie
- kakadu
- kangury
- kiwi
- koala
- kolibry
- kozice
- lamy
- leniwce
- łosie
- nosorożce
- orangutany
- pandy
- papugi ary
- piżmowoły
- rajskie ptaki
- renifery
- słonie afrykańskie
- słonie indyjskie
- tapiry
- wombaty
- zebry
- żubry
- żyrafy

Wszystkożerne:

- kapucynki
- lemury
- niedźwiedzie brunatne
- strusie
- szympansy
- walenie

granice kontynentów

Zwierzęta wszystkożerne

kapucynka

lemur

szympans

struś

niedźwiedź brunatny

waleń

Pochodzenie roślin uprawnych

Ameryka Północna i Ameryka Południowa

kukurydza

papryka

maniok

pomidory

ziemniaki

owoce kakaowca

fasola

bataty

Europa

oliwki

por

pietruszka

owoce winorośli

sałata

burak cukrowy

Afryka

arbuz

owoce kawowca

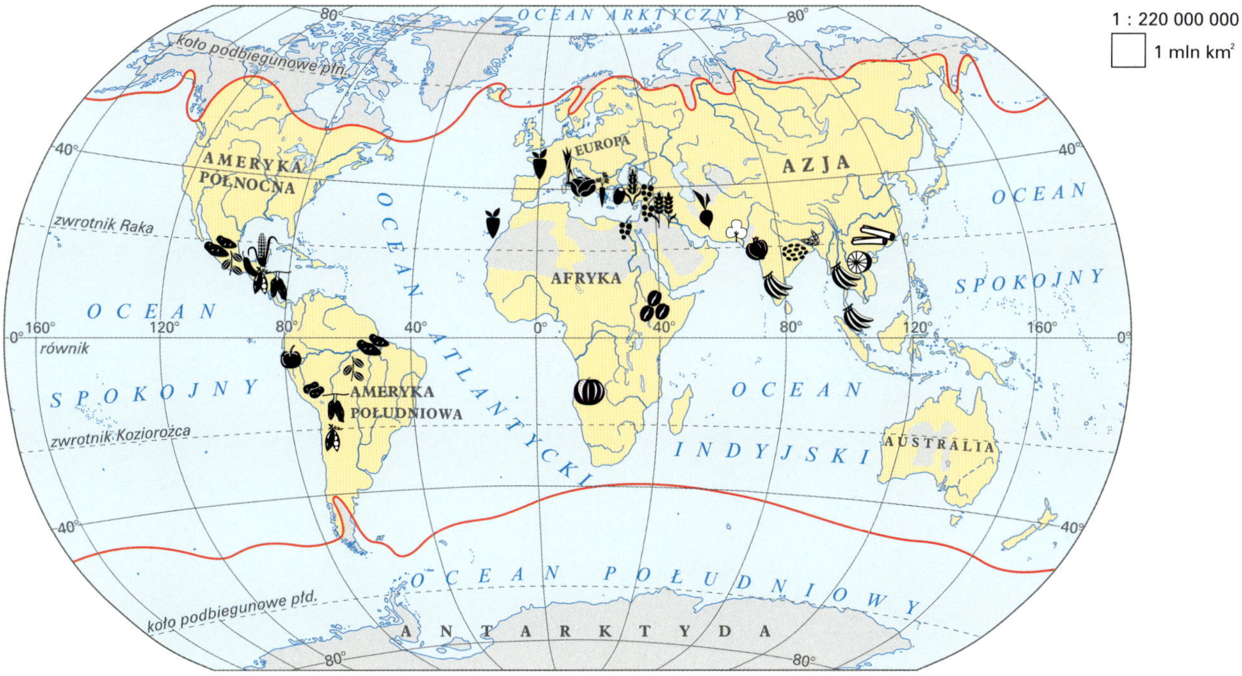

arbuzy
bawełna
bataty
buraki
buraki cukrowe
cynamon
fasola
granaty
kukurydza
liście herbaty
maniok
oliwki
owoce bananowca
owoce kakaowca
owoce kawowca
owoce winorośli
papryka
pietruszka
pomarańcze
pomidory
pory
pszenica
ryż
sałata
ziemniaki
żyto
zasięg rolnictwa
obszary nierolnicze
północna granica upraw

Azja

pomarańcze

granaty

owoce bananowca

cynamon

liście herbaty

buraki

ryż

bawełna

pszenica

żyto

1 : 50 000 000

Azja – ukształtowanie powierzchni

Legenda do mapy na s. 77:

- obszary przemysłowo--składowe oraz zurbanizowane
- krajobrazy rolnicze
- nieużytki, skały, wrzosowiska
- obszary górskie o piętrowej strukturze roślinności
- lodowce i lądolody
- pokrywa lodowa na morzu
- strefa paku lodowego (kry i góry lodowe)
- tundra
- lasotundra
- tajga
- lasy liściaste i mieszane
- lasy i zarośla śródziemnomorskie

1 : 50 000 000

Azja – krajobrazy

- stepy i pastwiska na stepach
- pustynie
- półpustynie
- krajobrazy sawann i pastwiska na sawannach
- suche widne lasy strefy podzwrotnikowej z pastwiskami i polami
- wilgotne lasy równikowe
- rafy koralowe
- szelf
- rzeki okresowe i słone jeziora okresowe
- granice państw
- granice sporne
- szczyty i najniższe punkty depresji
- wulkany

Afryka – ukształtowanie powierzchni

1 : 50 000 000

Wzdłuż **Nilu** – najdłuższej rzeki Afryki – skupia się życie mieszkańców Egiptu.

Rdzenna ludność Afryki mieszka często w prostych chatach.

Wodospady Epupa położone na granicy Angoli i Namibii tworzą przepiękne kaskady.

Afryka – krajobrazy

1 : 50 000 000

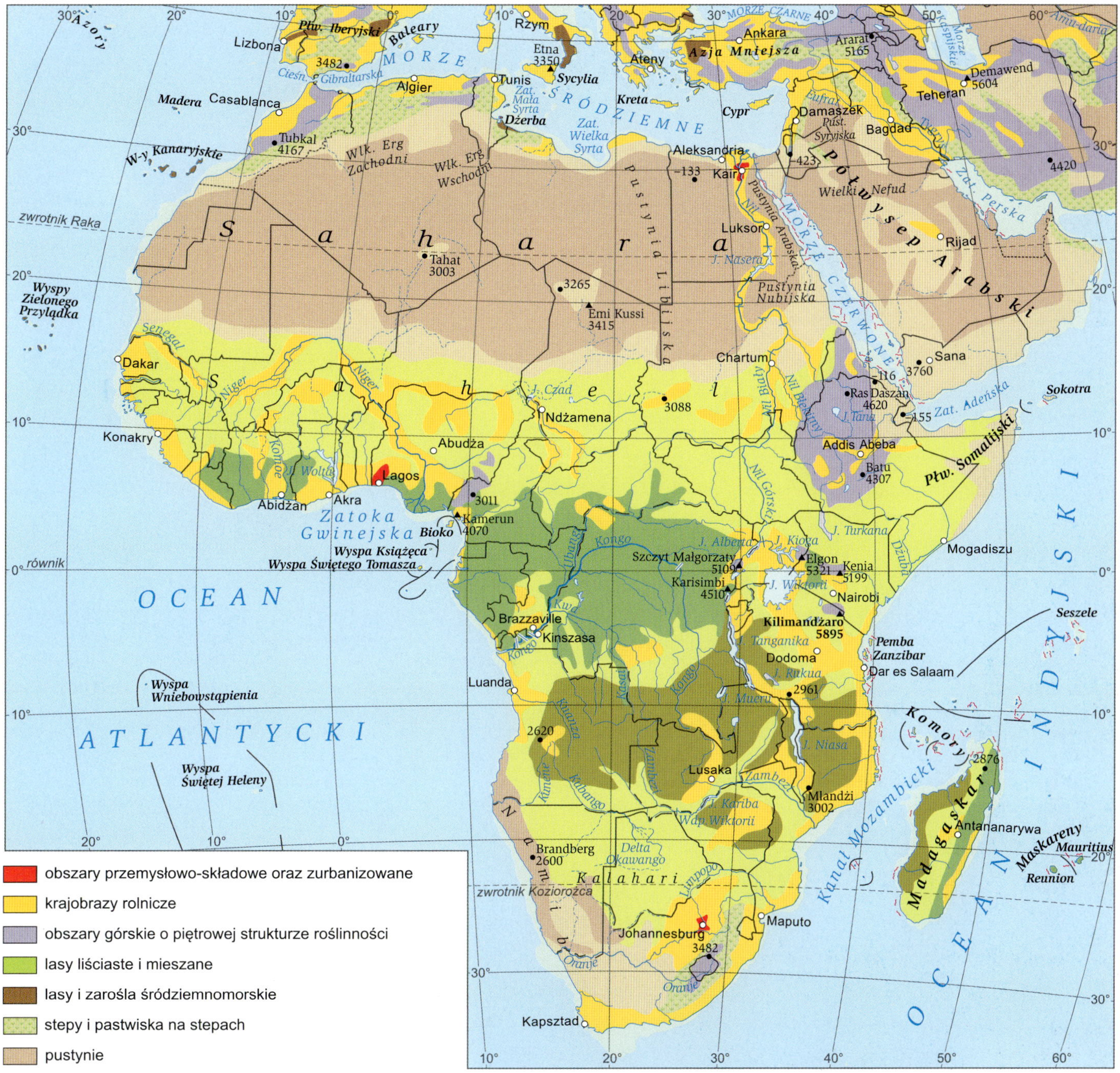

- obszary przemysłowo-składowe oraz zurbanizowane
- krajobrazy rolnicze
- obszary górskie o piętrowej strukturze roślinności
- lasy liściaste i mieszane
- lasy i zarośla śródziemnomorskie
- stepy i pastwiska na stepach
- pustynie
- półpustynie
- krajobrazy sawann i pastwiska na sawannach
- suche widne lasy strefy podzwrotnikowej z pastwiskami i polami
- wilgotne lasy równikowe
- rafy koralowe
- szelf
- rzeki okresowe i jeziora okresowe
- wodospady
- szczyty i najniższe punkty depresji
- wulkany
- granice państw
- granice sporne

Na sawannie pasą się stada **antylop**; możemy tam spotkać także słonie, żyrafy czy lwy.

Ameryka Północna – ukształtowanie powierzchni

1 : 50 000 000

Monument Valley jest niezwykłym miejscem w Arizonie, w Stanach Zjednoczonych, słynącym z ciekawych form skalnych.

Kordyliery to pasmo górskie biegnące wzdłuż całej zachodniej części Ameryki Północnej.

Ameryka Północna – krajobrazy

1 : 50 000 000

- obszary przemysłowo-składowe oraz zurbanizowane
- krajobrazy rolnicze
- nieużytki, skały, wrzosowiska
- obszary górskie o piętrowej strukturze roślinności
- lodowce i lądolody
- pokrywa lodowa na morzu
- strefa paku lodowego (kry i góry lodowe)
- tundra
- lasotundra
- tajga
- lasy liściaste i mieszane
- lasy i zarośla śródziemnomorskie
- stepy i pastwiska na stepach
- pustynie
- półpustynie
- krajobrazy sawann i pastwiska na sawannach
- suche widne lasy strefy podzwrotnikowej z pastwiskami i polami
- wilgotne lasy równikowe
- rafy koralowe
- szelf
- wodospady
- szczyty i najniższe punkty depresji
- wulkany
- granice państw

W **Parku Narodowym Sekwoi** znajdują się drzewa dorastające do 95 metrów wysokości i 10 metrów średnicy. Mogą osiągać wiek nawet kilku tysięcy lat.

Ameryka Południowa – ukształtowanie powierzchni

1 : 50 000 000

Machu Picchu, to najlepiej zachowane miasto Inków – historycznej cywilizacji, która zamieszkiwała peruwiańskie Andy.

W dorzeczu największej rzeki świata – **Amazonki** – rośnie bujna, tropikalna puszcza.

Ameryka Południowa – krajobrazy

1 : 50 000 000

Pampa to nazwa trawiastej formacji roślinnej w Argentynie, na której głównie wypasa się bydło i owce.

Wodospad Iguaçu (czyli wielka woda) w Brazylii przyciąga swym pięknem ogromną liczbę turystów.

Australia i Oceania – ukształtowanie powierzchni

1 : 50 000 000

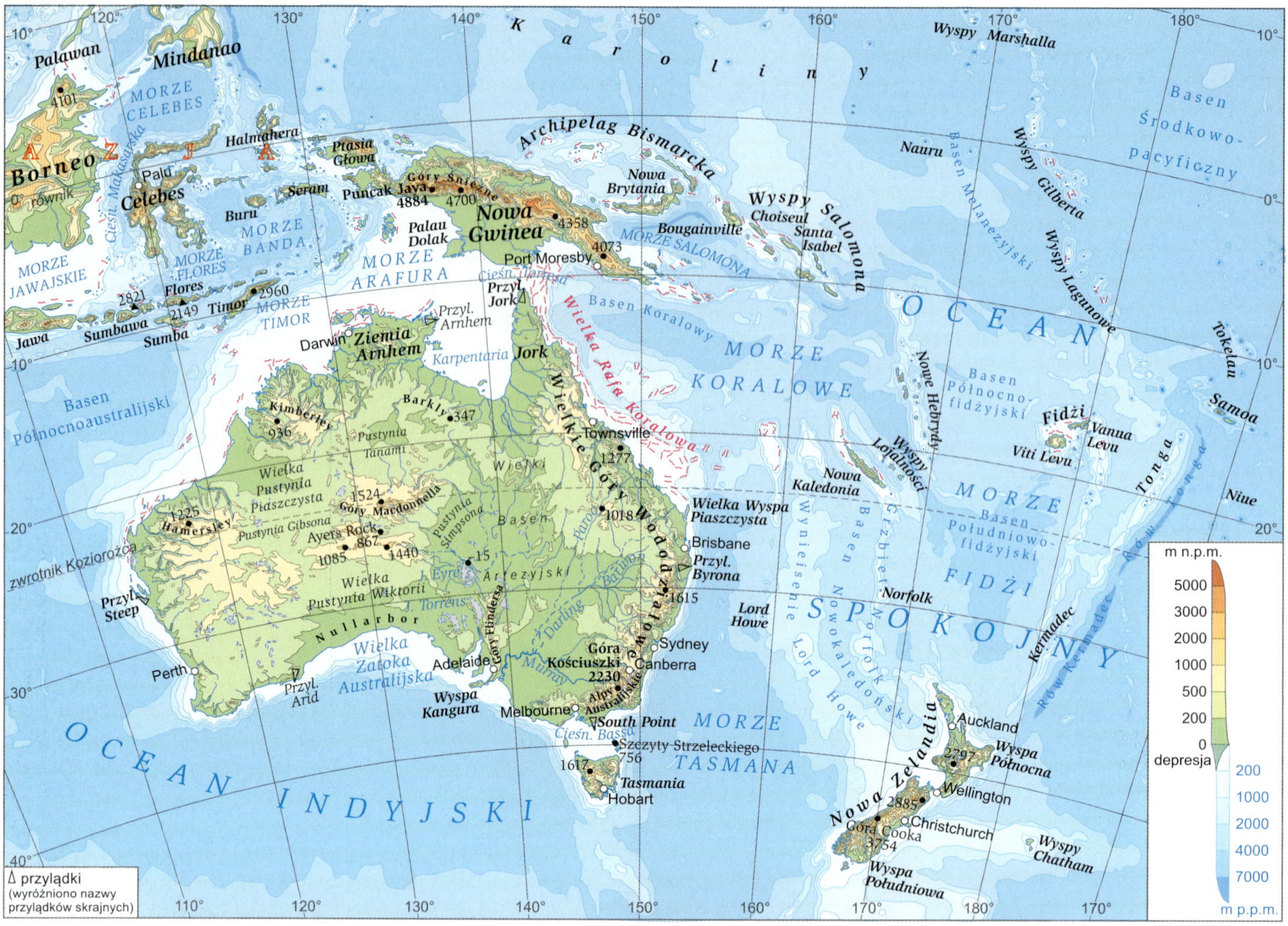

Czerwone skały znajdują się w **Parku Narodowym Kata Tjuta**, wpisanym na listę światowego dziedzictwa UNESCO.

Trzy Siostry to szczyty położone w południowej części Wielkich Gór Wododziałowych w **Nowej Południowej Walii.**

Na **Tasmanii** znajdują się rozległe plantacje tulipanów, które nie ustępują hodowlom holenderskim.

Linia brzegowa **Tasmanii** jest bardzo zróżnicowana – obejmuje piaszczyste plaże, skaliste wybrzeża oraz 300-metrowe klify.

Australia i Oceania – krajobrazy

1 : 50 000 000

obszary przemysłowo-składowe oraz zurbanizowane

krajobrazy rolnicze

obszary górskie o piętrowej strukturze roślinności

lasy i zarośla śródziemnomorskie

stepy i pastwiska na stepach

pustynie

półpustynie

krajobrazy sawann i pastwiska na sawannach

suche widne lasy strefy podzwrotnikowej z pastwiskami i polami

wilgotne lasy równikowe

rafy koralowe

szelf

rzeki okresowe i słone jeziora okresowe

szczyty i najniższe punkty depresji

wulkany

granice państw

Na terenie rezerwatu **Lasy Deszczowe Gondwana w Australii** rosną ogromne palmy.

Wielka Pustynia Wiktorii w środkowej Australii jest jałowa i sucha, z rzadka porośnięta roślinnością.

Wielka Rafa Koralowa ciągnie się wzdłuż północno-wschodniego wybrzeża Australii.

Antarktyda – krajobrazy

1 : 50 000 000

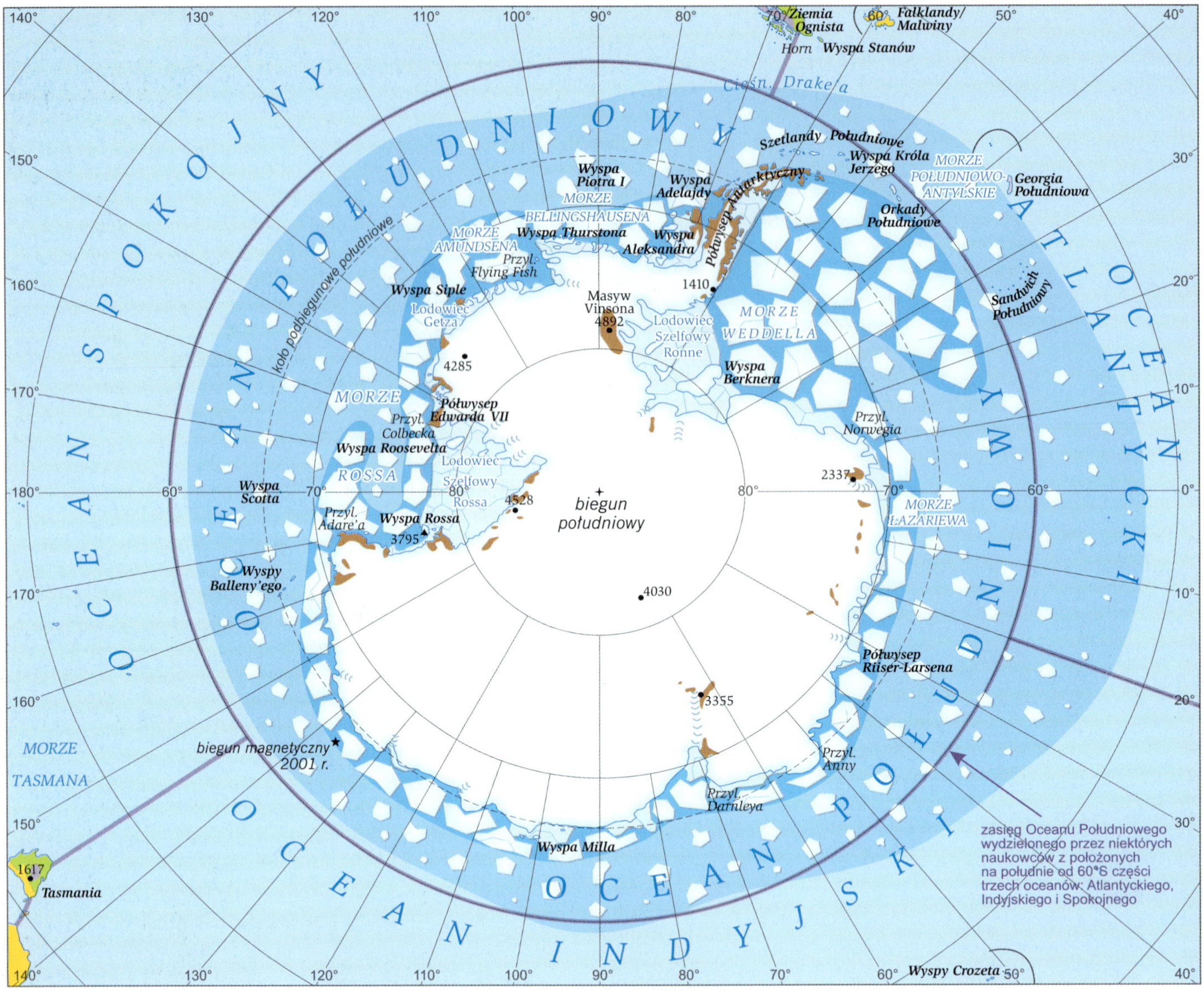

- krajobrazy rolnicze
- obszary górskie o piętrowej strukturze roślinności
- lasy liściaste i mieszane
- miejsca wyłaniających się skał
- lód na szelfie
- lód pływający
- zasięg gór lodowych
- lodowce
- lądolód
- szczyty
- wulkany
- granice oceanów i państw

Na Antarktydzie jest kilka **stacji badawczych**, w tym należąca do Argentyny Almirante Brown.

Pingwiny tworzą na Antarktydzie kolonie liczące po kilkadziesiąt tysięcy par.

Arktyka – ukształtowanie powierzchni

1 : 50 000 000

Po **Oceanie Arktycznym** (tu u wybrzeży Grenlandii) pływają olbrzymie **góry lodowe**.

W czasie krótkiego arktycznego lata na skałach pojawiają się karłowate rośliny, w tym **maki arktyczne**.

Układ szkieletowy

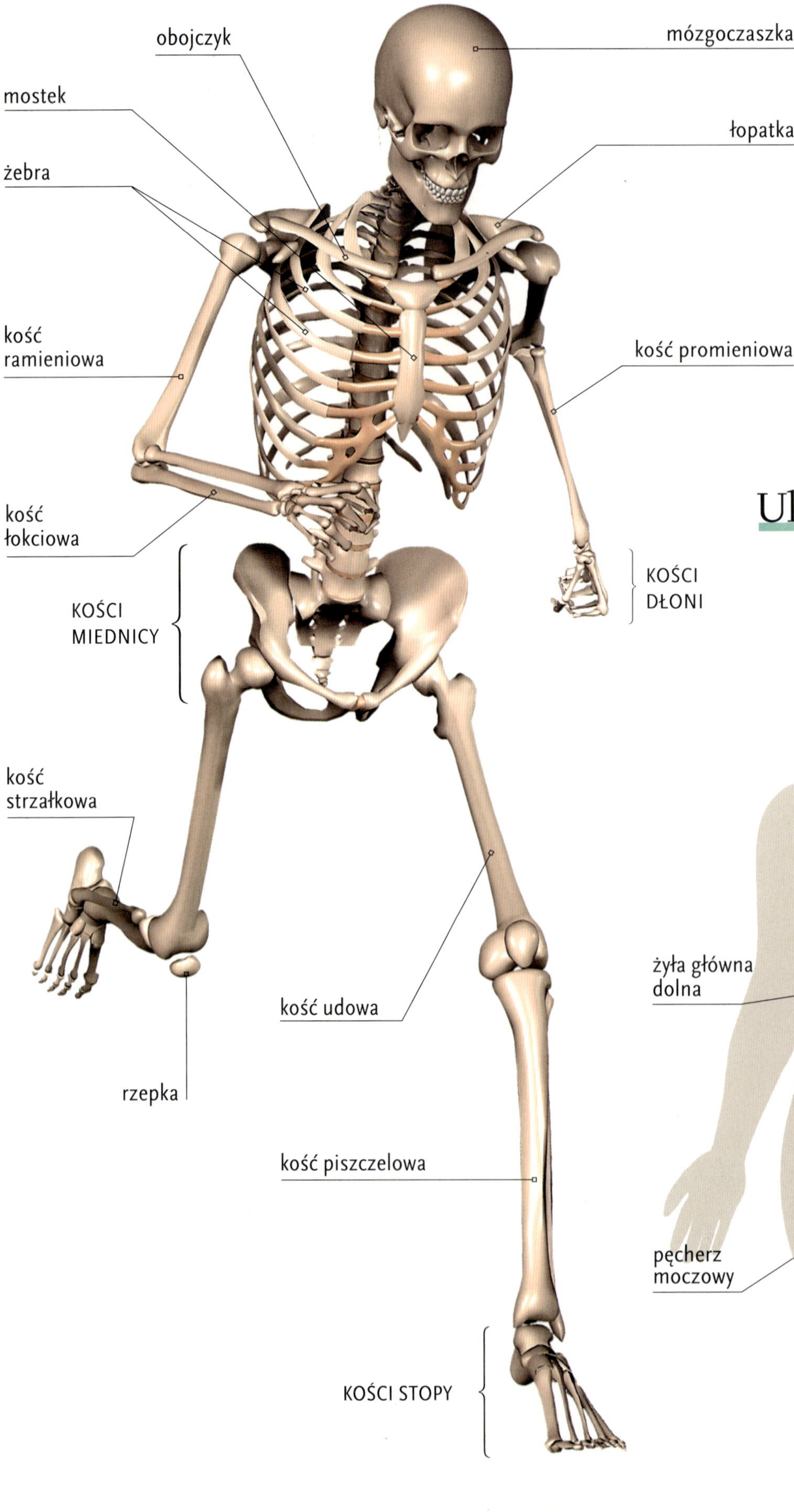

Układ wydalniczy

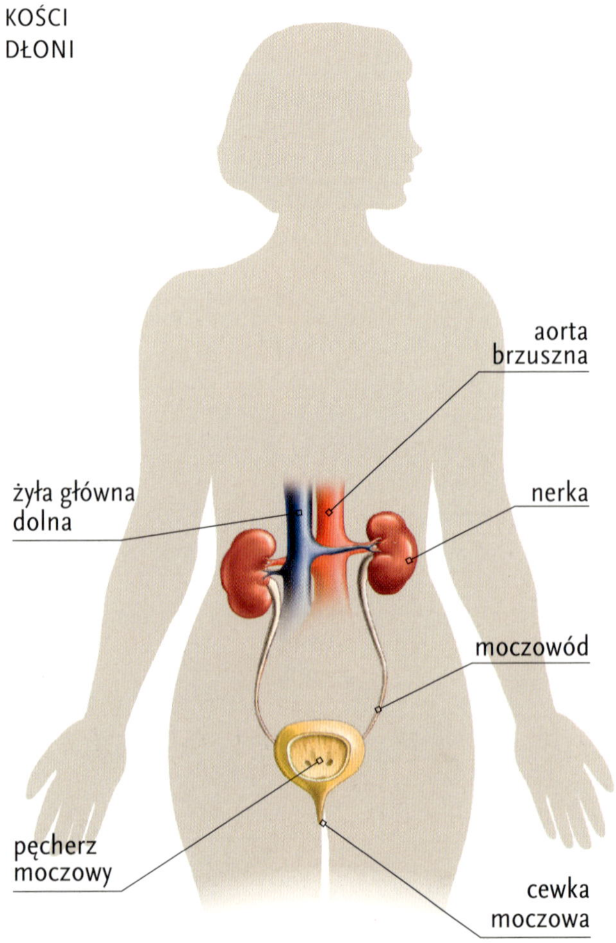

Układ mięśniowy

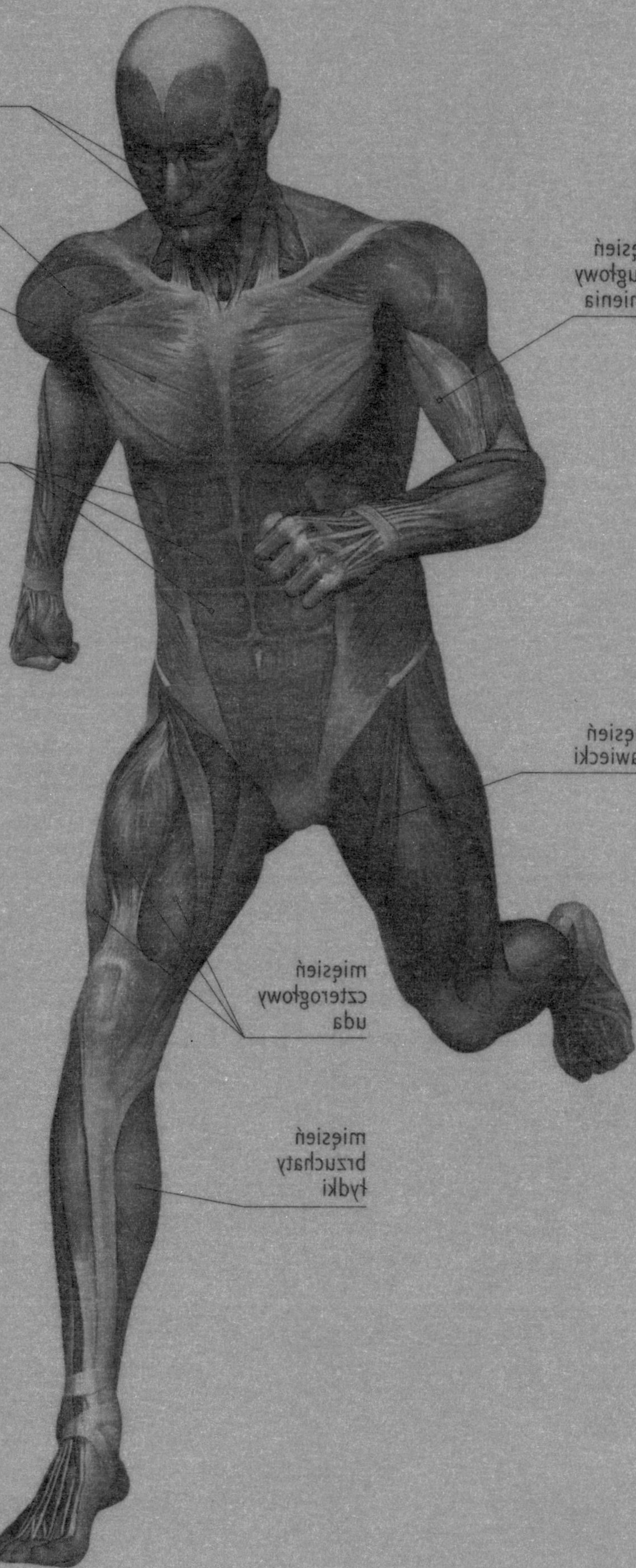

Układ pokarmowy

Układ mięśniowy

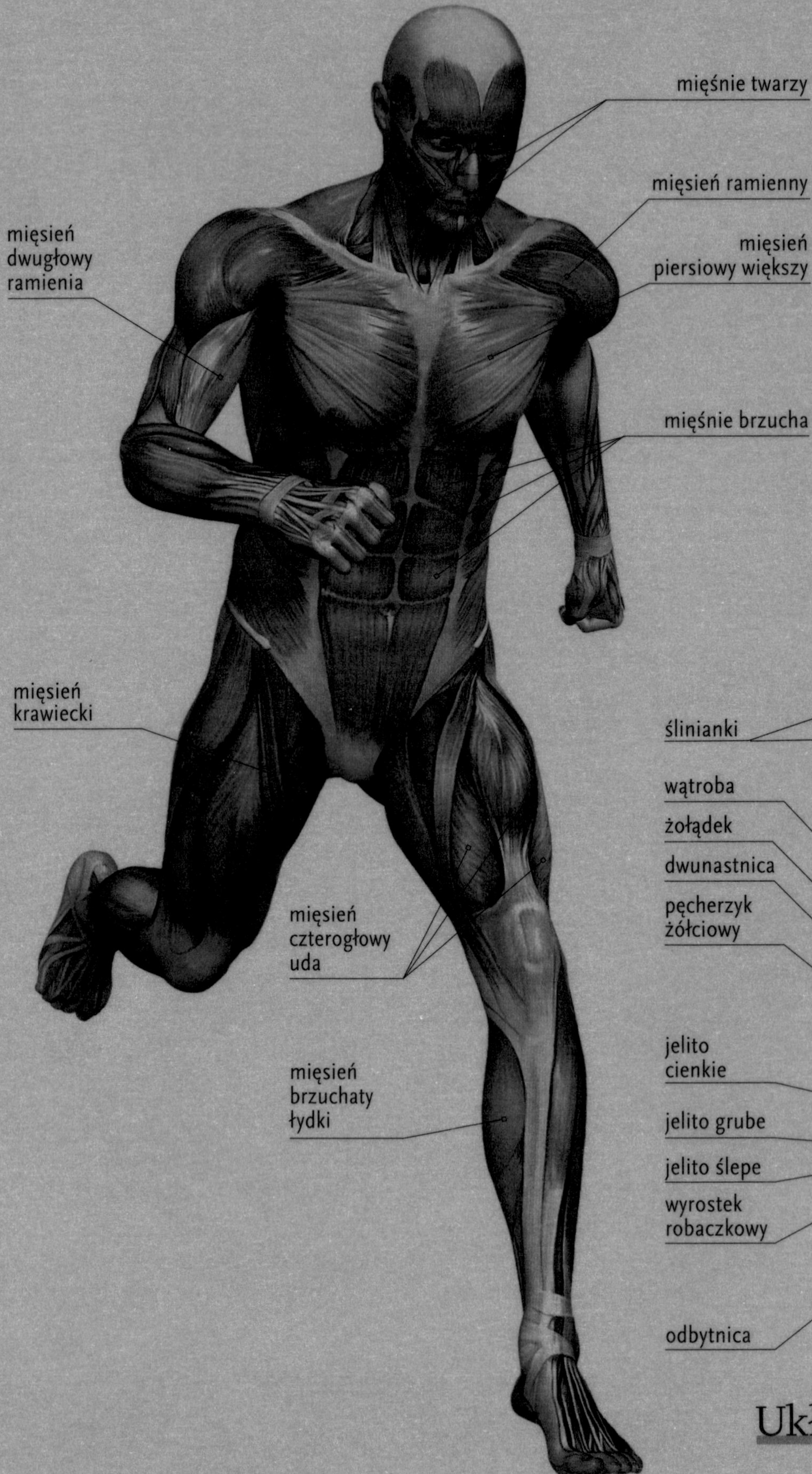

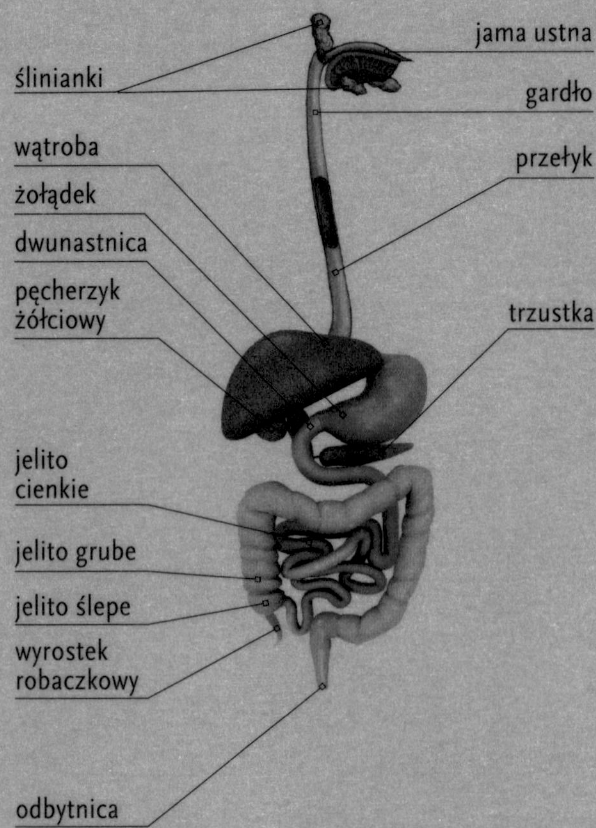

Układ pokarmowy

Układ oddechowy

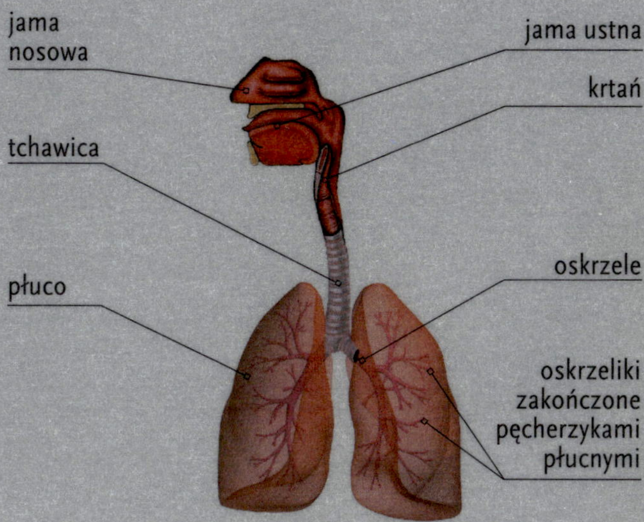

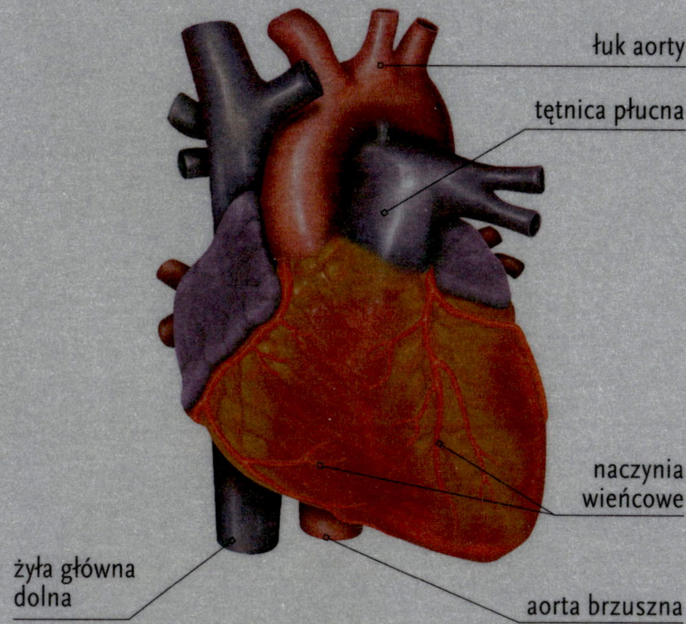

czaszka

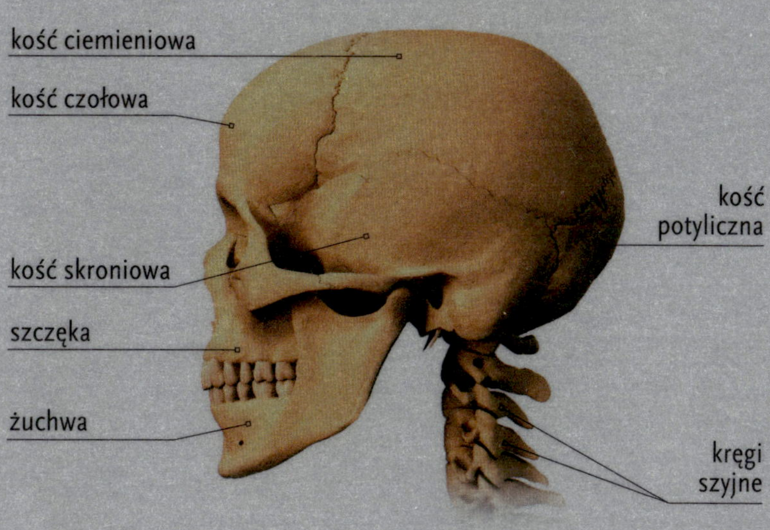

Układ oddechowy

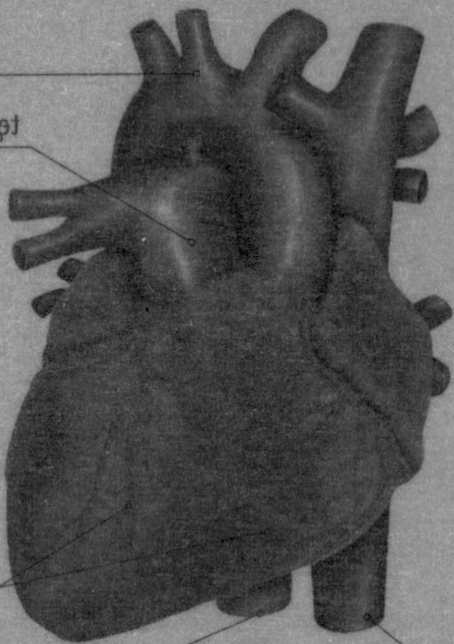

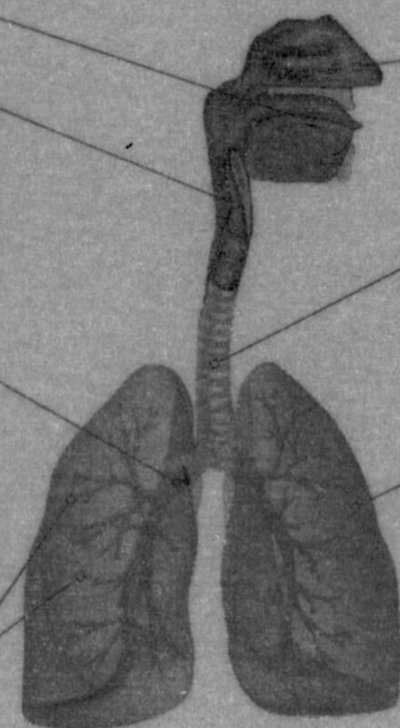

czaszka

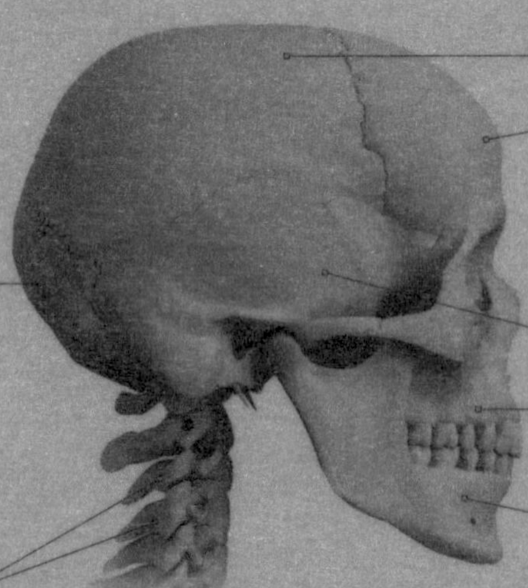

Układ krwionośny

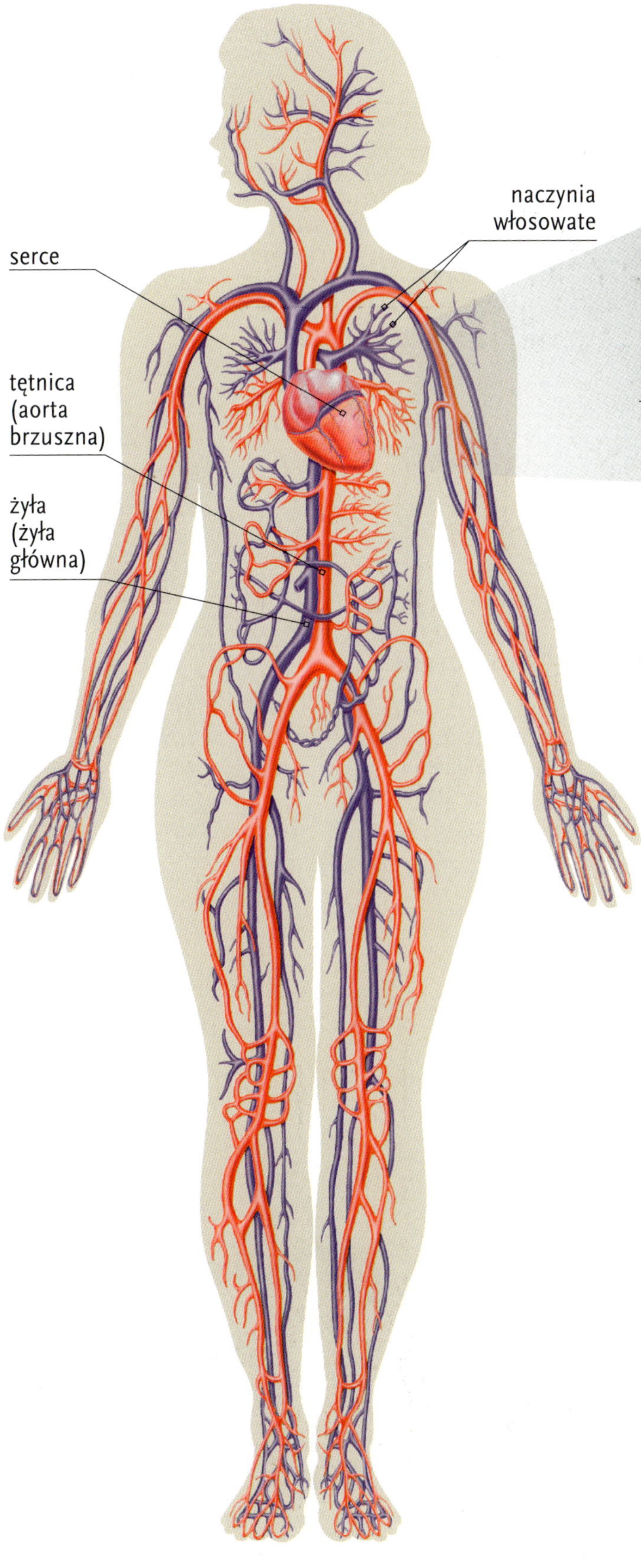

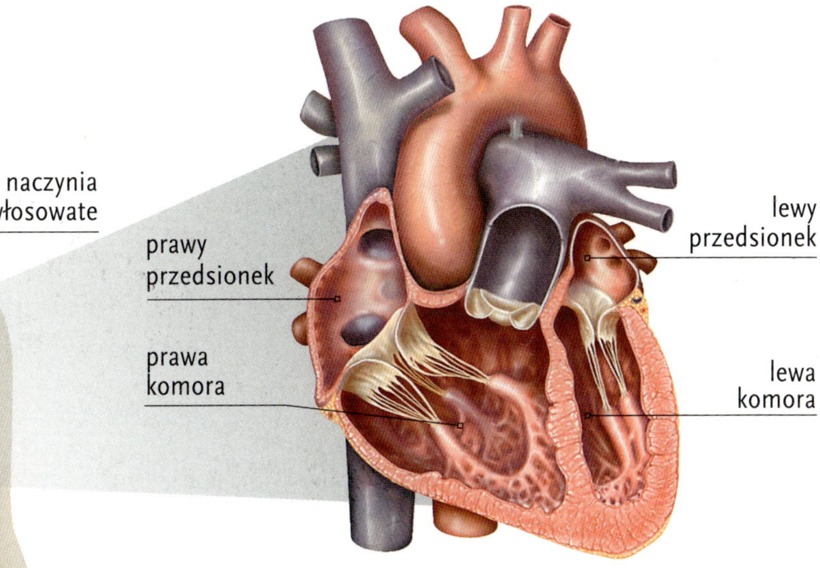

serce

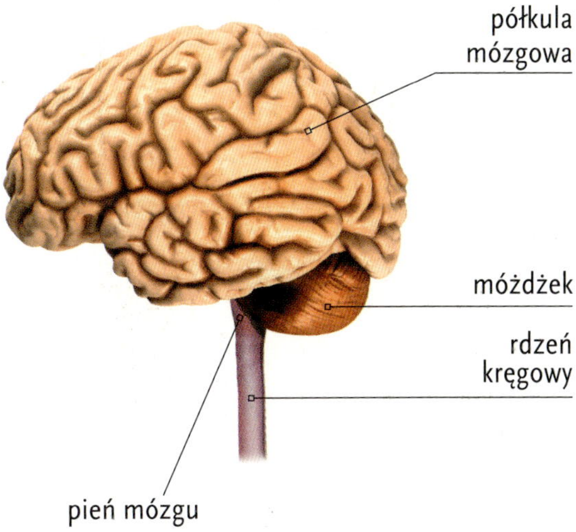

mózg

Rozwój człowieka

PROPORCJE CIAŁA

PROPORCJE CIAŁA

dziewczynka

- delikatne rysy
- cienka skóra
- sylwetka prosta, bez uwydatnionych piersi i bioder

kobieta

- delikatne rysy
- cienka skóra
- wąskie ramiona
- rozwinięte gruczoły mlekowe
- szerokie biodra

mężczyzna

- wyraziste rysy
- niski głos
- szerokie ramiona
- wąskie biodra
- duża masa mięśni
- silne owłosienie ciała

chłopiec

- delikatne rysy
- sylwetka bez uwydatnionych ramion
- niewielkie owłosienie ciała

Układy rozrodcze człowieka

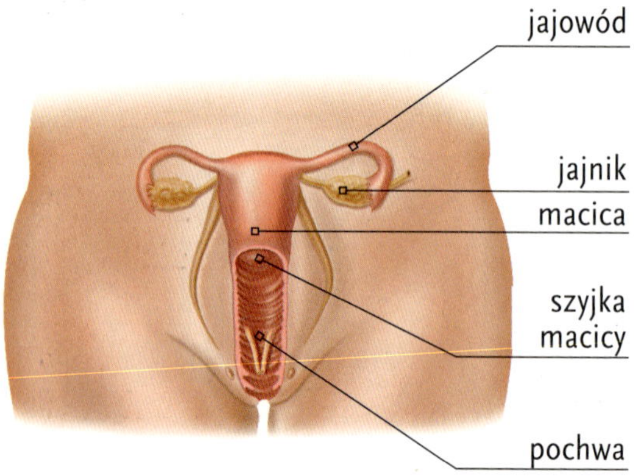

układ rozrodczy kobiety

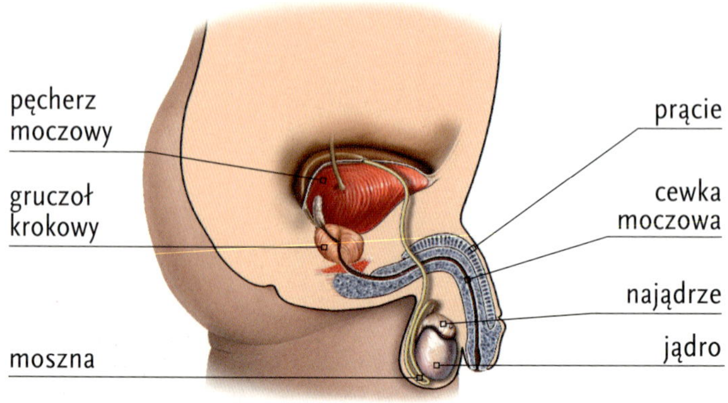

układ rozrodczy mężczyzny

Narząd słuchu – ucho

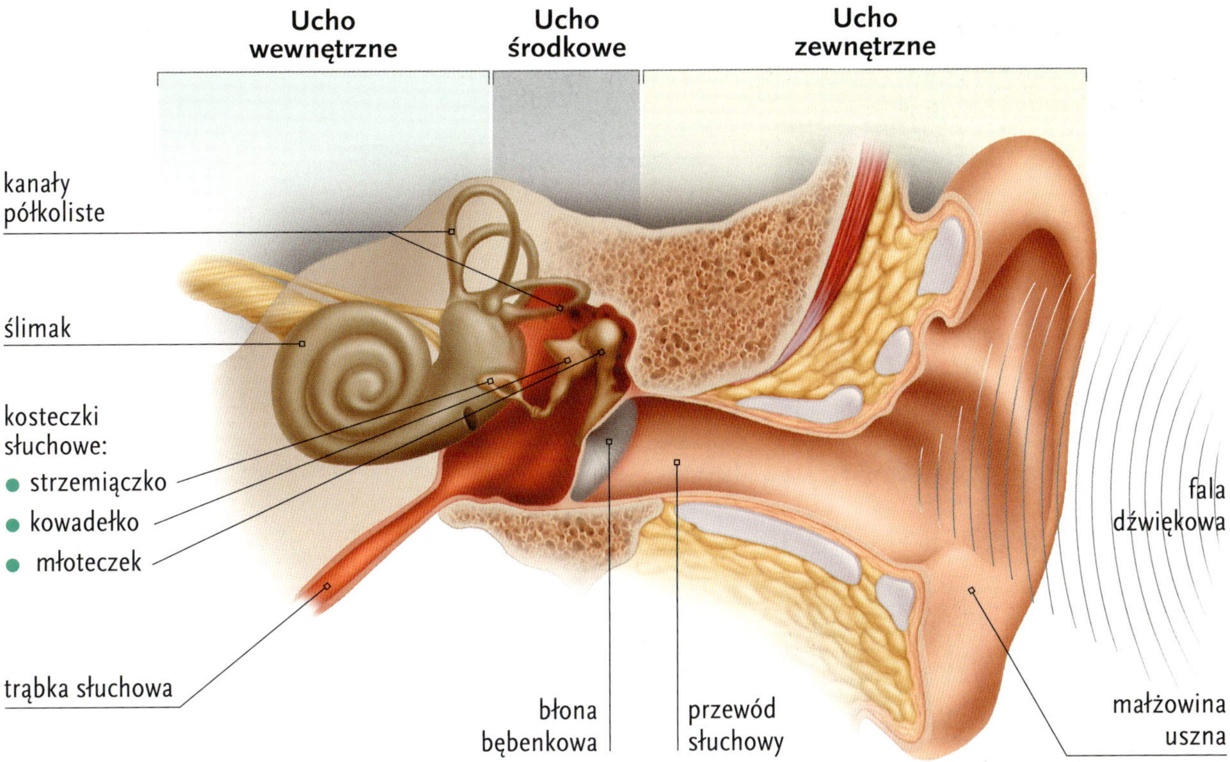

Narząd wzroku – oko

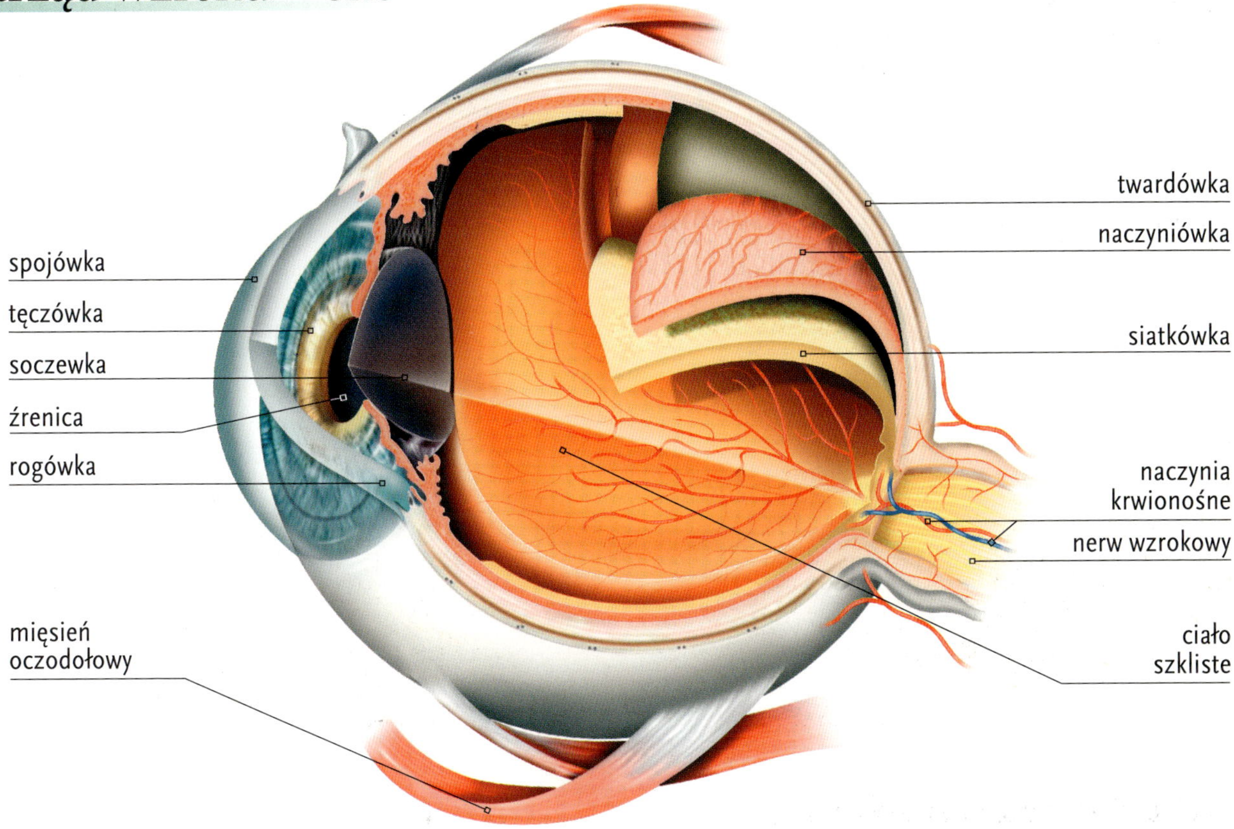

Obszary zaludnione na Ziemi

Odmiany człowieka

ODMIANA BIAŁA	ODMIANA CZARNA	ODMIANA ŻÓŁTA
	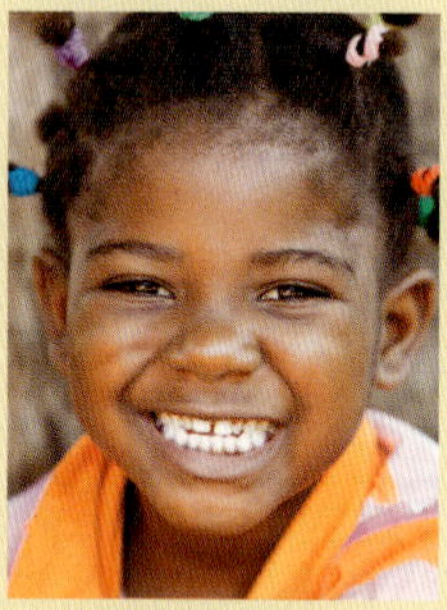	
Europejczycy to przedstawiciele odmiany białej, europeidalnej	Murzyni afrykańscy należą do odmiany czarnej	Japończycy należą do odmiany żółtej, mongoloidalnej

Arabowie również należą do odmiany białej	Papuasi (mieszkańcy Papui-Nowej Gwinei) są zaliczani do odmiany czarnej, negroidalnej	Indianie w Ameryce Południowej również należą do odmiany mongoloidalnej

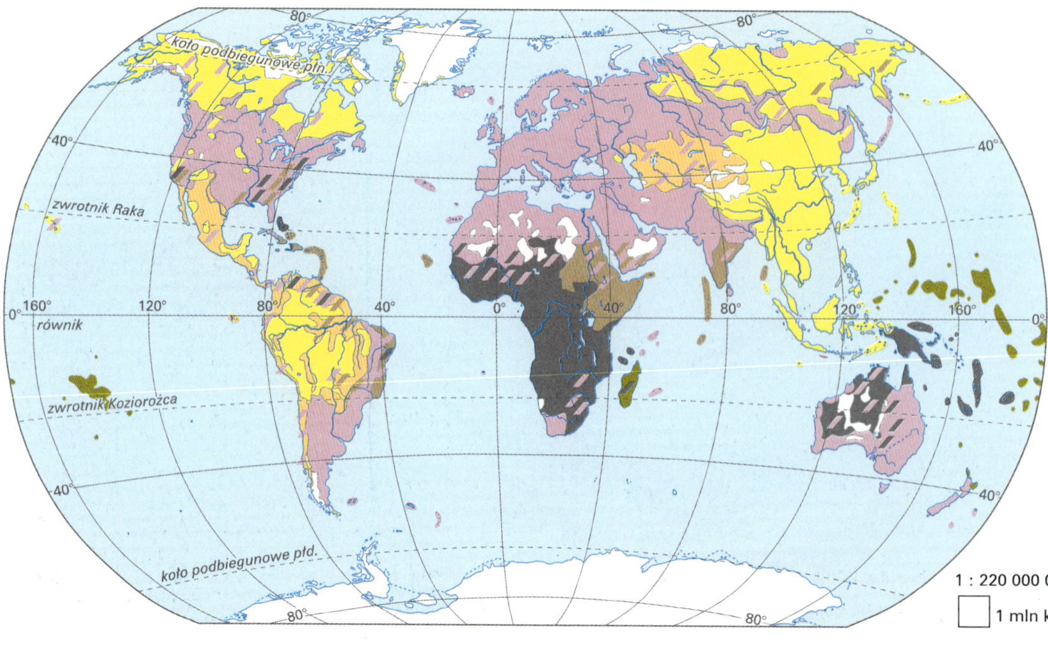

Odmiany główne:
- biała (europeidalna)
- żółta (mongoloidalna)
- czarna (negroidalna, w tym australoidalna)

Odmiany mieszane:
- biała z żółtą
- żółta z czarną
- biała z czarną
- obszary niezamieszkane

1 : 220 000 000

1 mln km²

Rozwój miasta na przykładzie Warszawy

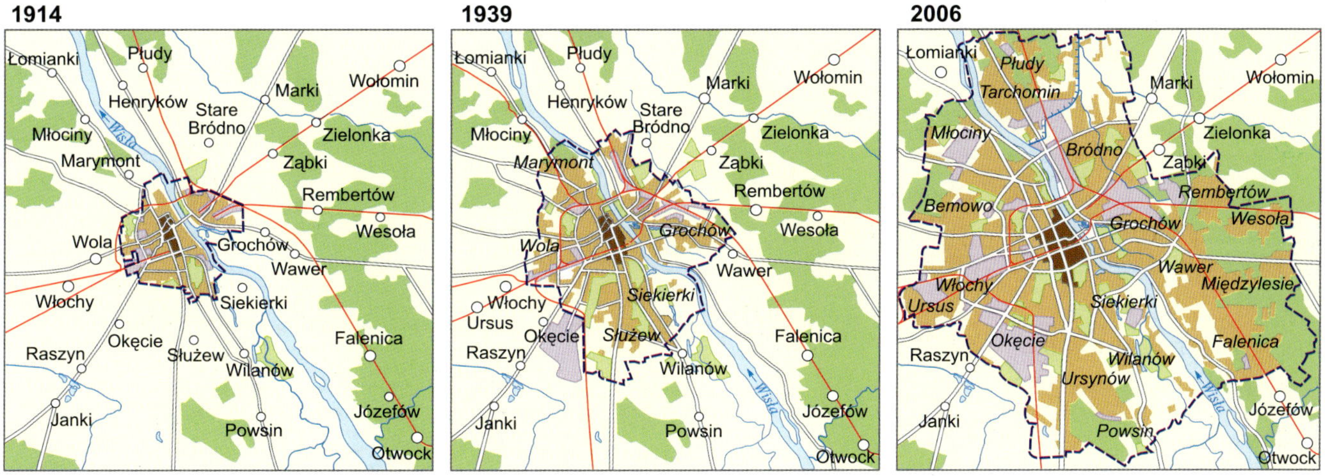

- centrum miasta
- tereny zabudowy
- obszary przemysłowe, składowe i komunikacyjne
- obszary miejskiej zieleni
- lasy
- granice miasta

1 : 500 000

0 — 10 km

Wielkie odkrycia geograficzne

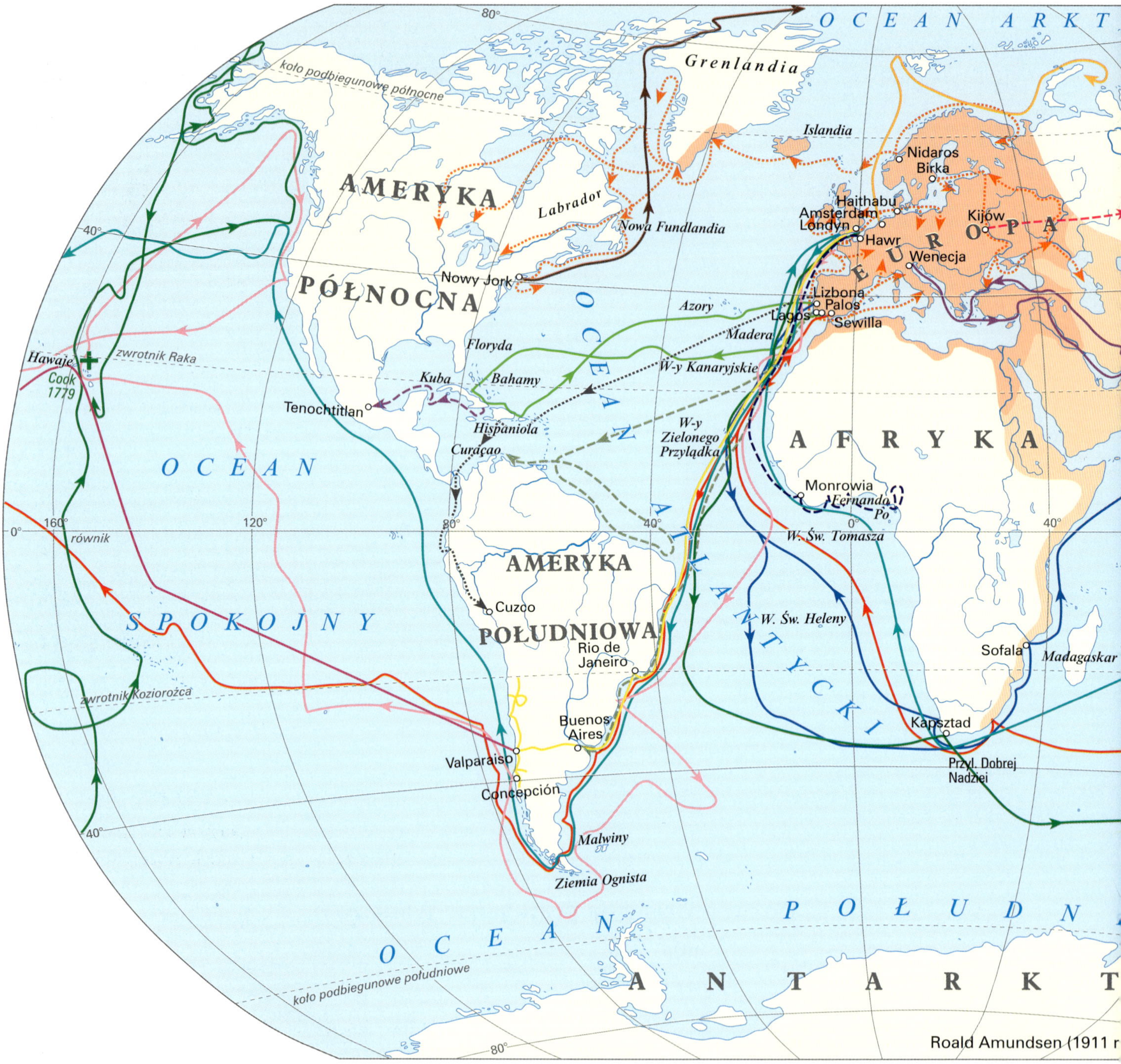

obszary dobrze znane Europejczykom do 1400 r.

obszary pośrednio znane Europejczykom do 1400 r.

obszary nieznane Europejczykom do 1400 r.

Szlaki wypraw:

- wikingów (VIII–XIII w.)
- Marka Polo (1271–1295 r.)
- Krzysztofa Kolumba (1492–1493 r.)
- Vasco da Gamy (1497–1498 r.)
- Amerigo Vespucciego (1499–1502 r.)
- Ferdynanda Magellana / del Cana (1519–1522 r.)
- Hernana Cortésa do Meksyku (1519–1521 r.)
- Francisca Pizarra do Peru (1524–1534 r.)
- Francisa Drake'a (1577–1580 r.)
- Willema Barentsa (1596–1597 r.)
- Jamesa Cooka (1776–1779 r.)
- Jeana F. la Pérouse'a (1785–1788 r.)
- Pawła E. Strzeleckiego (1838–1843 r.)
- Ignacego Domeyki (1838–1845 r.)
- Aleksandra Czekanowskiego (1860–1875 r.)
- Stefana Szolc-Rogozińskiego (1882–1891 r.)
- Roberta Peary'ego (1908–1909 r.)

Cook 1779 ✚ miejsca śmierci podróżników

Pierwszeństwo w odkryciu Ameryki przypisuje się wikingom, którzy około 985 r. dotarli aż do dzisiejszego Nowego Jorku.

Przez kilka wieków niesłusznie uważano, że Amerykę odkrył genueńczyk Krzysztof Kolumb w 1492 r.

Anglik James Cook w latach 1768–1779 badał wyspy Oceanii, odkrył też wschodnie wybrzeża Australii i Hawaje.

W grudniu 1911 r. Norweg Roald Amundsen i jego towarzysze pierwsi zdobyli biegun południowy.

Niebezpieczna natura

Z aktywnych **wulkanów** wydobywają się gazy, pyły i gorąca płynna lawa, która powoduje pożary na zalewanych terenach.

Cyklon tropikalny to wir powietrza powstający nad oceanem, gdy temperatura wody jest wyższa od temperatury powietrza. Prędkość wiatru w cyklonie osiąga nawet 300 km/h.

Cyklony powodują ogromne straty, głównie na obszarach nadmorskich, gdzie wysokie fale zalewają ląd i w połączeniu z obfitymi opadami powodują powodzie.

Tworzące się na lądzie **tornada** (trąby powietrzne) przesuwają się z dużą prędkością. Stykając się z powierzchnią ziemi, zostawiają po sobie pas zniszczeń o różnej szerokości.

Niekorzystne warunki naturalne:

- obszary zagrożone trzęsieniami ziemi
- obszary zagrożone suszami
- obszary zagrożone powodziami
- kierunki wędrówek cyklonów tropikalnych

1 : 110 000 000

1 mln km²

Ważniejsze klęski żywiołowe po 1900 r.:

- powodzie
- susze
- Kweta – wielkie trzęsienia ziemi
- Pelée – tragiczne w skutkach wybuchy wulkanów
- huragany
- tornada

Zabudowania zniszczone podczas **trzęsienia ziemi.**

Powodzie powstają najczęściej wskutek ulewnych deszczów oraz wysokich fal tworzących się w efekcie trzęsienia ziemi lub podczas cyklonów.

Zagrożenia środowiska wynikające z działalności człowieka

Gdy powietrze jest wilgotne i bardzo zanieczyszczone, powstaje **smog** szkodliwy dla układu oddechowego.

Wyrąb drzew w **wilgotnych lasach równikowych**, zwanych „płucami Ziemi", jest zagrożeniem dla całej planety.

obszary morskie bardzo zanieczyszczone
obszary morskie narażone na zanieczyszczenie związane z żeglugą
miejsca największych katastrof ekologicznych wskutek awarii tankowców
rzeki bardzo zanieczyszczone

Zanieczyszczenie wody często jest związane z żeglugą statków – zdarzają się katastrofy tankowców przewożących ropę naftową, która uniemożliwia życie organizmom wodnym na wiele lat.

Śmieci, które są wyrzucane na **dzikie wysypiska**, powodują zatrucie gleby, wody i stanowią zagrożenie dla okolicznych zwierząt.

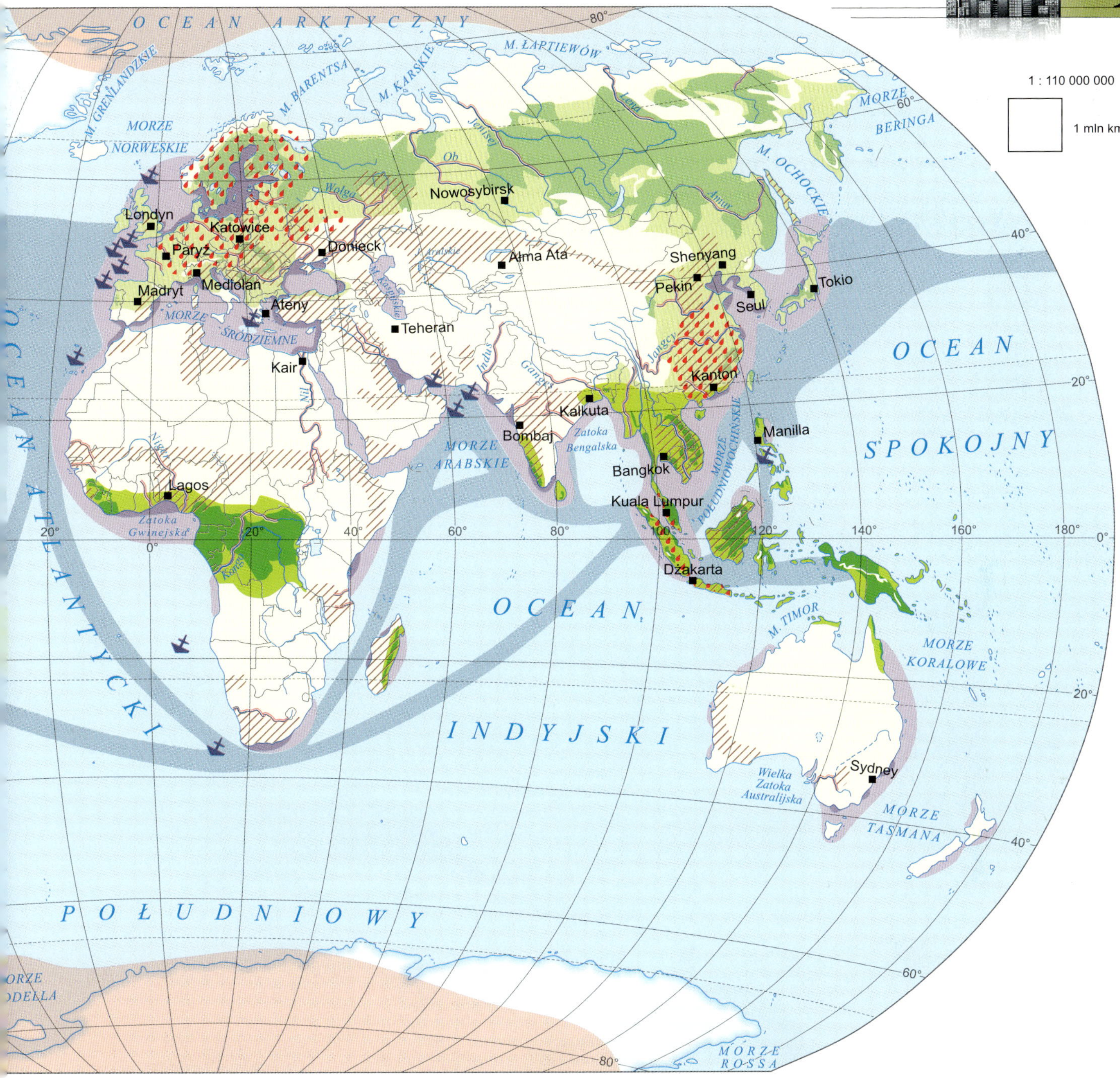

przybliżony zasięg dziury ozonowej	dawny zasięg wilgotnych lasów równikowych (obszary w znacznej części wylesione)
obszary o bardzo zniszczonych glebach	obszary obecnie porośnięte wilgotnymi lasami równikowymi
obszary lądów w zasięgu kwaśnych opadów atmosferycznych	dawny zasięg lasów strefy umiarkowanej (obszary w znacznej części wylesione)
Kair ■ miasta o dużym zanieczyszczeniu powietrza	obszary obecnie porośnięte lasami strefy umiarkowanej
granice państw	

Nieoczyszczone **ścieki komunalne**, odprowadzane bezpośrednio do jezior i rzek, znacznie obniżają ich czystość i mogą być źródłem chorób wielu zwierząt.

Związki chemiczne zanieczyszczające powietrze docierają z deszczem lub śniegiem na ziemię w postaci **kwaśnych opadów** i powodują wymieranie lasów.

Dźwięk w przyrodzie

Dźwięki odgrywają w przyrodzie istotną rolę – są sposobem (czasami jedynym) na porozumiewanie się zwierząt. Na przykład słonie wydają bardzo niskie dźwięki, a delfiny bardzo wysokie. Wydawane odgłosy są też często elementem zachowań godowych.

Zwierzęta odbierają fale dźwiękowe o różnej częstotliwości. Trudno dokładnie określić zakres słyszanych przez nie dźwięków – możemy podać go jedynie w przybliżeniu.

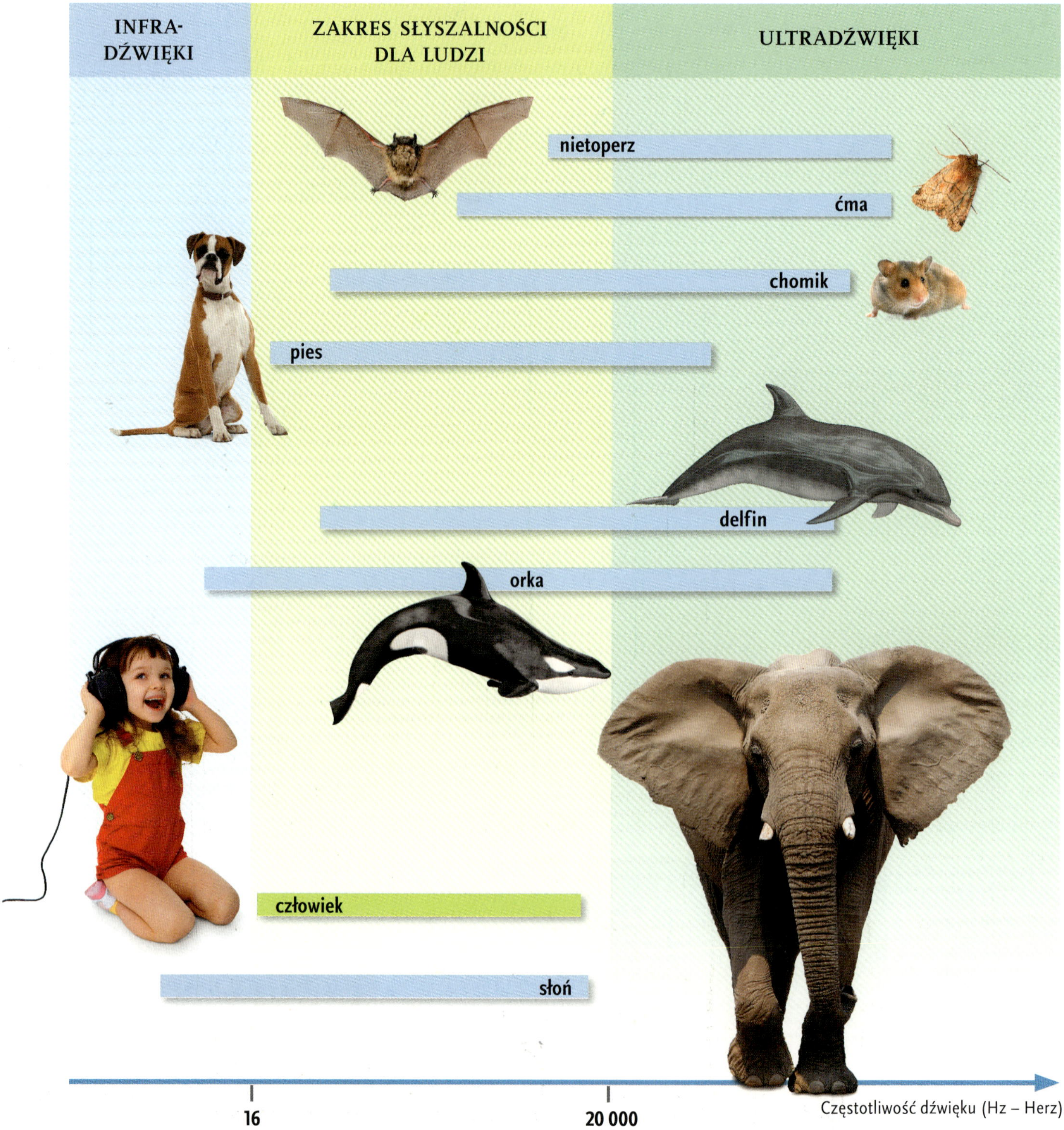

Sposoby przetwarzania naturalnej energii

turbiny wiatrowe

systemy solarne

przetwarzanie biomasy

elektrownie wodne

źródła geotermalne

Wartości temperatury występujące w przyrodzie

°C

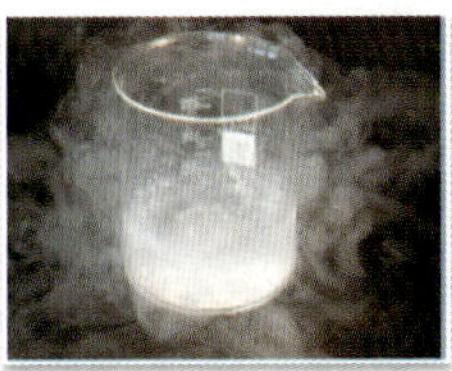

ciekły azot
–195,8

lód
0

gejzer
100

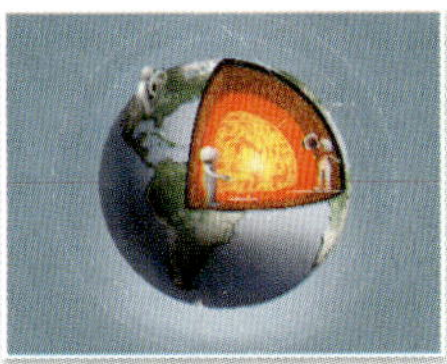

jądro Ziemi
około **5 000**

piorun
15 000 – 25 000

stacja Wostok (Antarktyda)
–89,5

pustynia Lut (Iran)
71

spalanie drewna
300

powierzchnia Słońca
około **5 800**

Nasza galaktyka i Układ Słoneczny

Naszą galaktykę – Drogę Mleczną – tworzy około 100 miliardów gwiazd oraz chmury gazu i pyłu. Słońce znajduje się w środku Układu Słonecznego w jednym z ramion galaktyki, w odległości około 30 tysięcy lat świetlnych od jej jądra.

Megagalaktyka Grupa Lokalna

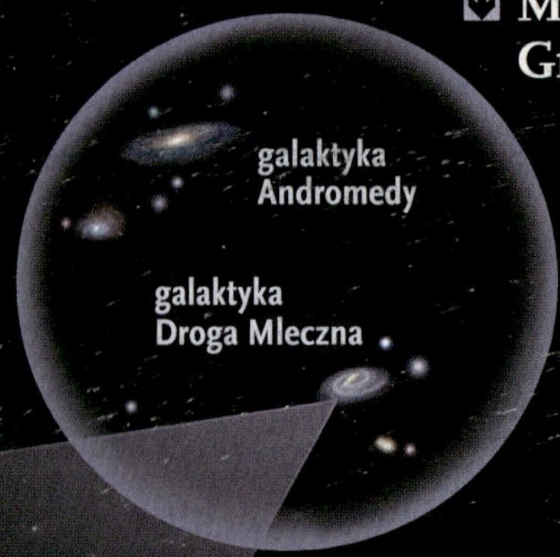

Galaktyka Droga Mleczna

Nasza planeta Ziemia jest piątą co do wielkości i trzecią pod względem odległości od Słońca planetą Układu Słonecznego. Wokół Ziemi krąży jeden naturalny satelita – Księżyc.

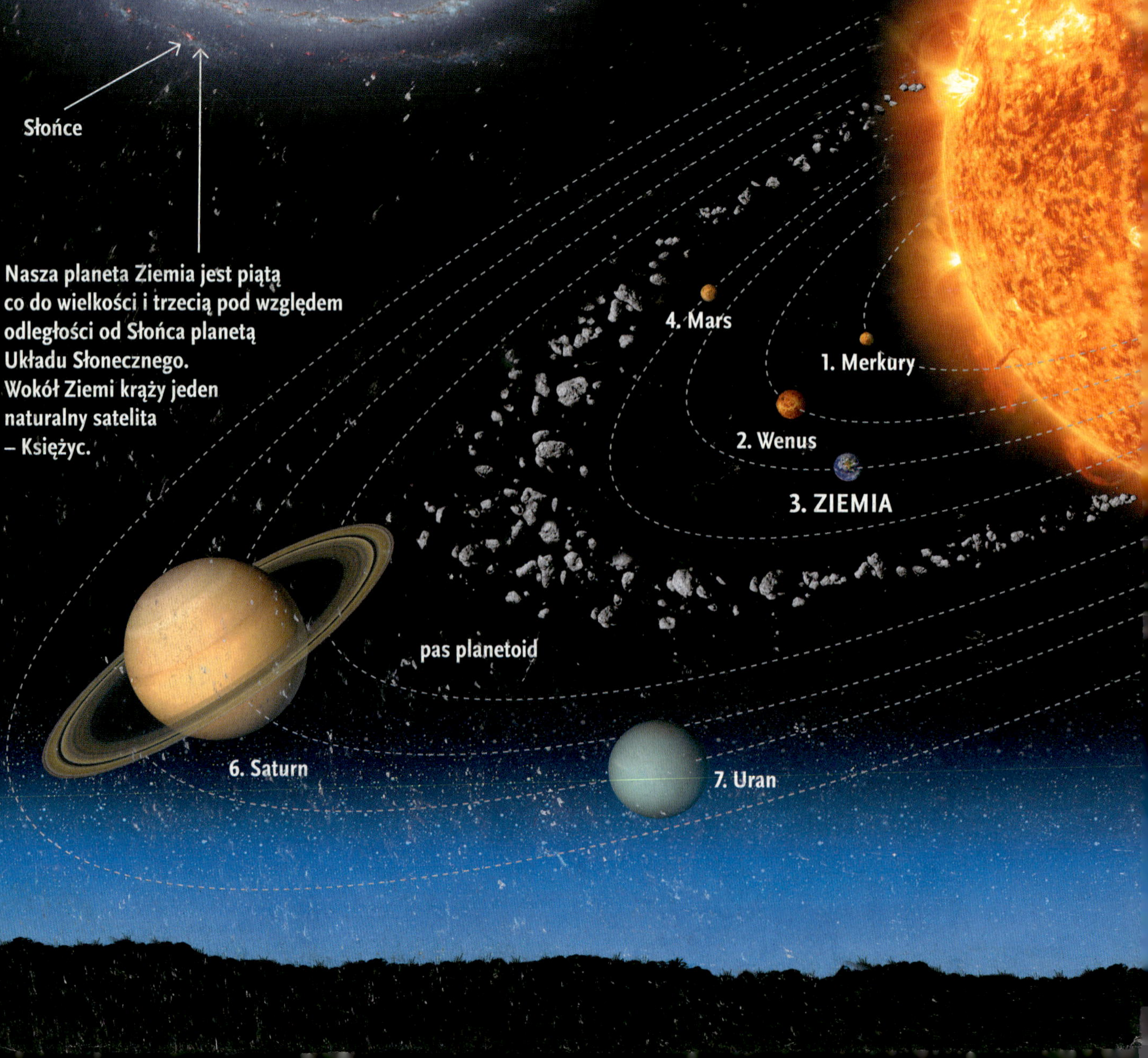

PLANETY KARŁOWATE

Wśród planet Układu Słonecznego znajdują się planety karłowate, czyli obiekty kuliste mniejsze od planet, poruszające się także wokół Słońca. Jedną z takich planet jest Pluton, który do 2006 roku był uznawany za typową planetę.

- Ceres
- Pluton
- Haumea
- Makemake
- Eris

Układ słoneczny

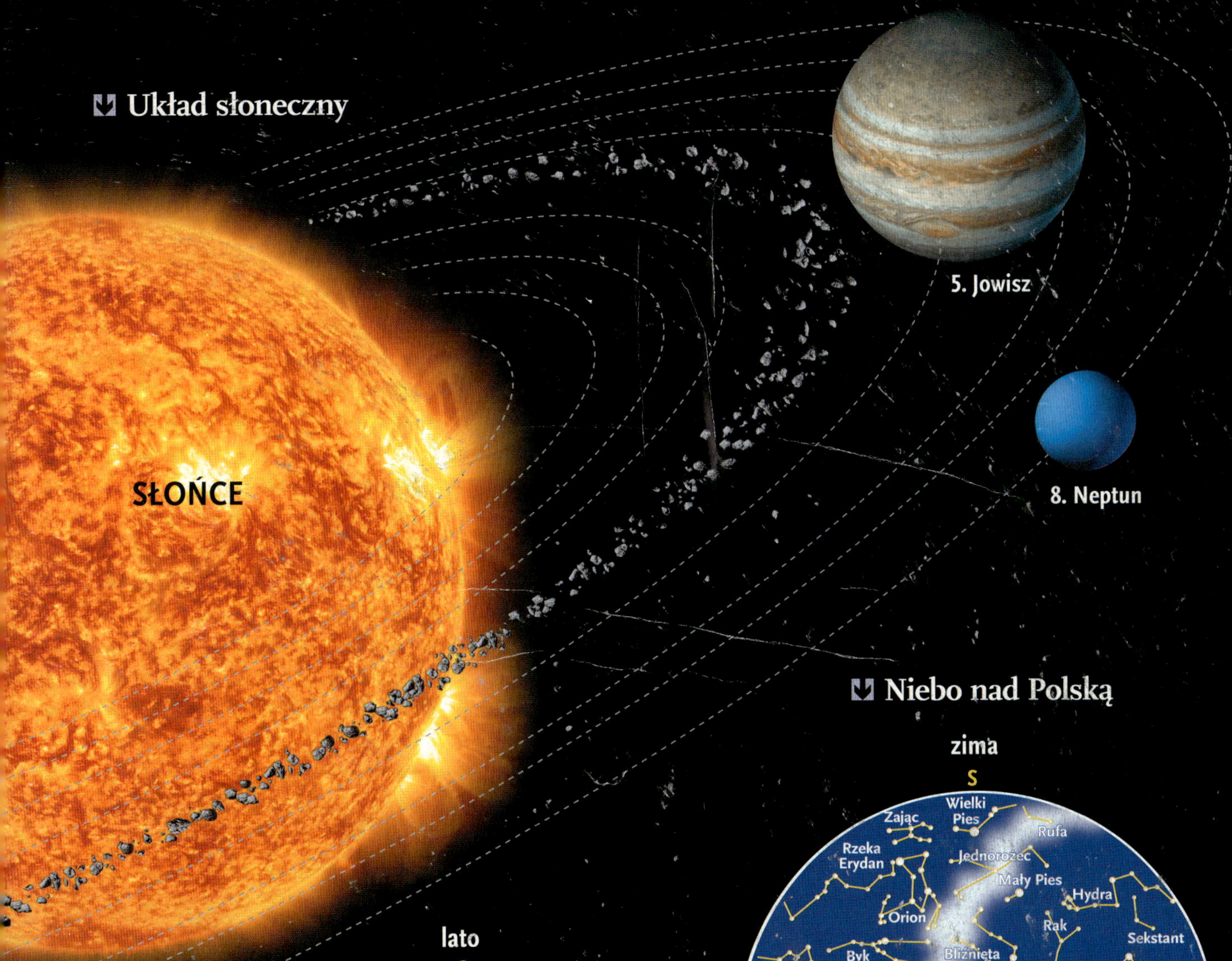

Niebo nad Polską

zima

lato

Droga Mleczna

Uwaga: Na schemacie Układu Słonecznego zachowano proporcje wielkości planet, ale nie zachowano proporcji odległości między planetami.

ŹRÓDŁA FOTOGRAFII

Okładka: s. I (motyl) grafvision/Shutterstock.com, (zimorodek) Mircea BEZERGHEANU/Shutterstock.com, (żubr) missanzi/Shutterstock.com, (konie) Abramova Kseniya/Shutterstock.com, (nosorożec) irakite/Shutterstock.com, (żyrafa) Justin Black/Shutterstock.com, (słoń) Jakub Krechowicz/Shutterstock.com, (trawa) Sergii Figurnyi/Shutterstock.com, (jodła) vnlit/Shutterstock.com, (drzewo) Archipoch/Shutterstock.com, (palma) Tischenko Irina/Shutterstock.com, (drzewo) majeczka/Shutterstock.com, (globus) haveseen/Shutterstock.com, (jaguar) Ana Vasileva/Shutterstock.com, (fiolki) R. Gino Santa Maria/Shutterstock.com; s. IV (dziewczynka) Raisa Kanareva/Shutterstock.com, (kuferek) Sławomir Stachnik

Tekst główny: s. 1 (motyl) irin-k/Shutterstock.com; s. 3 (wiewiórka) Eric Isselée/Shutterstock.com, (Polska) Atlaspix/Shutterstock.com, (Europa) Maugli/Shutterstock.com; s. 4 (Ziemia) Evstigneev Alexander/Shutterstock.com, (dziecko) Kuzmin Andrey/Shutterstock.com, (miasto) igorlale/Shutterstock.com, (fiolki z cieczami) R. Gino Santa Maria/Shutterstock.com, (teleskop) Maximus256/Shutterstock.com; s. 5 (wiewiórka) Eric Isselée/Shutterstock.com, (chłopiec wyznaczający kierunek) G. Bryk/WSiP, (kompas) G. Bryk i M. Kozioł/WSiP,; s. 6 (Mikołajki z lotu ptaka) Wojciech Wójcik/BE&W; s. 7 (wiewiórka) Eric Isselée/Shutterstock.com; s. 8 (początek kalendarzowej jesieni) Anna Kuklińska (łąka) gillmar/Shutterstock.com, (rykowisko) Serggavrilov/Shutterstock.com, (grzyb) MarkMirror/Shutterstock.com, (borówki) Birute Vijeikiene/Shutterstock.com, (burak) Lepas/Shutterstock.com, (seler) bogdan ionescu/Shutterstock.com, (kosz warzyw) Lisa A/Shutterstock.com; s. 9 (wiewiórka) Eric Isselée/Shutterstock.com, (żurawie) Joel Bauchat Grant/Shutterstock.com, (jabłka) Ligak/Shutterstock.com, (jesienna mgła) Paul Aniszewski/Shutterstock.com, (wiewiórka) Yuriy Kulyk/Shutterstock.com, (liście) Konstanttin/Shutterstock.com, (grabienie liści) Inc/Shutterstock.com; s. 10 (początek kalendarzowej zimy) Anna Kuklińska, (samochód na zaśnieżonej drodze) PAP/EPA/Jesus Diges, (wiewiórka) Vitaly Ilyasov/Shutterstock.com, (jelenie) ericlefrancais/Shutterstock.com, (orzesznica) Juniors/BE&W; s. 11 (wiewiórka) Eric Isselée/Shutterstock.com, (szron na liściu) Jeanne McRight/Shutterstock.com, (szron na drzewie) Zygmunt Gawron/DiGiTouch, (drzewo zimą, tło) Gary Buss/Taxi/Getty Images/Flash Press Media, (kwiczoł) FotoVeto/Shutterstock.com, (karmnik)Wenk Marcel/Shutterstock.com, (dziecko w śniegu) Reinhold Leitner/Shutterstock.com; s. 12, (początek kalendarzowej wiosny) Anna Kuklińska (wiosenne roztopy) PAP/CAF/Wojtek Szabelski, (żaba) p.schwarz/Shutterstock.com, (kaczki) Daniel-life/Shutterstock.com, (jajka dzikiej kaczki) mycteria/Shutterstock.com, (bocian) Geanina Bechea/Shutterstock.com; s. 13 (wiewiórka) Eric Isselée/Shutterstock.com, (drzewo wiosną, tło) Gary Buss/Taxi/Getty Images/Flash Press Media (motyl) Gertjan Hooijer/Shutterstock.com, (pszczoła) MR Shining/Shutterstock.com, (leszczyna) Mark Bridger/Shutterstock.com, (krokusy) Konstanttin/Shutterstock.com, (sadzenie nasion) domturner/Shutterstock.com, (dziewczynka z konewką) Gorilla/Shutterstock.com, (tulipany) Olga Besnard/Shutterstock.com; s. 14 (początek kalendarzowego lata) Anna Kuklińska, (sarny) Mark Bridger/Shutterstock.com, (sikory) Kletr/Shutterstock.com, (łabędzie) Janis Smits/Shutterstock.com, (dzieci nad morzem) oliveromg/Shutterstock.com; s. 15 (wiewiórka) Eric Isselée/Shutterstock.com, (drzewo latem, tło) Gary Buss/Taxi/Getty Images/Flash Press Media, (grad) Bill Frische/Shutterstock.com, (burza) Adisa/Shutterstock.com, (pioruny) PAP/CAF-EPA/Peter KNEFFEL, (koźlarz) RAFAł FABRYKIEWICZ/Shutterstock.com, (kurka) FotograFFF/Shutterstock.com, (kapusta) monticello/Shutterstock.com , (dziewczynka z koszykiem) Gorilla/Shutterstock.com, (cukinie) Maks Narodenko/Shutterstock.com, (ziemniaki) Kamenetskiy Konstantin/Shutterstock.com, (marchew) Anna Kucherova/Shutterstock.com, (borówki) Madlen/Shutterstock.com, (owoce) Madlen/Shutterstock.com; s. 17 (wiewiórka) Eric Isselée/Shutterstock.com; s. 18 (zwierzęta) Martin Valigursky/Shutterstock.com, (bakterie) Sebastian Kaulitzki/Shutterstock.com, (protisty) Nixx Photography/Shutterstock.com, (grzyby) Tomas Sereda/Shutterstock.com, (rośliny) KULISH VIKTORIIA/Shutterstock.com, (paciorkowiec) Dimarion/Shutterstock.com, (krętki) Sebastian Kaulitzki/Shutterstock.com, (laseczki) Sebastian Kaulitzki/Shutterstock.com, (pantofelek) Lebendkulturen.de/Shutterstock.com, (okrzemka) Jubal Harshaw/Shutterstock.com, (wirczyk) Jubal Harshaw/Shutterstock.com, (borowik) Michaela Stejskalova/Shutterstock.com, (muchomor czerwony) Potapov Alexander/Shutterstock.com, (drożdże) Masur/Wikipedia (public domain); s. 19 (wiewiórka) Eric Isselée/Shutterstock.com, (skrętnica) Wikipedia/Spicywalnut (public domain), (toczek) Lebendkulturen.de/Shutterstock.com, (sałata morska) picturepartners/Shutterstock.com, (płonnik) Maslov Dmitry/Shutterstock.com, (torfowiec) Kuttelvaserova/Shutterstock.com, (paproć) Vaclav Volrab/Shutterstock.com, (widłak) Madlen/Shutterstock.com, (skrzyp) picturepartners/Shutterstock.com, (sosna) SMarina/Shutterstock.com, (jodła) vnlit/Shutterstock.com, (cis) Richard Peterson/Shutterstock.com, (storczyk) KULISH VIKTORIIA/Shutterstock.com, (jabłoń) vilax/Shutterstock.com, (stułbia) Lebendkulturen.de/Shutterstock.com, (chełbia) Vladimir Wrangel/Shutterstock.com, (jeżowiec) Montenegro/Shutterstock.com, (motylica) D. Kucharski & K. Kucharska/Shutterstock.com, (tasiemiec) D. Kucharski & K. Kucharska/Shutterstock.com, (glista) Marcel Jancovic/Shutterstock.com, (owsik) Carolina K. Smith, M.D./Shutterstock.com, (dżdżownica) Pan Xunbin/Shutterstock.com, (pijawka) szefei/Shutterstock.com, (pszczoła) D. Kucharski & K. Kucharska/Shutterstock.com, (rak) Nata-Lia/Shutterstock.com, (skakun) Evgeniy Ayupov/Shutterstock.com, (ślimak) iwka/Shutterstock.com, (małż) JIANG HONGYAN/Shutterstock.com, (mątwa) Alexandru Axon/Shutterstock.com, (płoć) Evlakhov Valeriy/Shutterstock.com, (flądra) HelleM/Shutterstock.com, (rekin) cbpix/Shutterstock.com, (żaba) Hintau Aliaksei/Shutterstock.com, (ropucha) Michiel de Wit/Shutterstock.com, (salamandra) bogdan ionescu/Shutterstock.com, (żmija) Eric Isselée/Shutterstock.com, (jaszczurka) Jerzy Opioła/Wikipedia (licencja CC-BY-SA 3.0), (żółw) Smit/Shutterstock.com, (gil) Eric Isselée/Shutterstock.com, (zimorodek) xpixel/Shutterstock.com, (pingwin) Anna Kucherova/Shutterstock.com, (żołędnica) Eric Isselée/Shutterstock.com, (nocek) Zbynek Burival/Shutterstock.com, (delfin) JCElv/Shutterstock.com; s. 20 (ziemniak) dabjola/Shutterstock.com, (stonka) D. Kucharski & K. Kucharska/Shutterstock.com, (bażant) xpixel/Shutterstock.com, (lis) Eric Isselée/Shutterstock.com, (łąka) Dudarev Mikhail/Shutterstock.com, (jeżyna) joyfuldesigns/Shutterstock.com, (mysz) CreativeNature.nl/Shutterstock.com, (żołędzie) odze/Shutterstock.com, (sójka) Rob kemp/Shutterstock.com, (krogulec) Grant Glendinning/Shutterstock.com, (barczatka) Giuseppe Lancia/Shutterstock.com, (wróbel) Maslov Dmitry/Shutterstock.com, (liście dębu) Fedorov Oleksiy/Shutterstock.com, (jezioro) Pietus/Shutterstock.com, (dno jeziora) Alexandar Iotzov/Shutterstock.com, (tafla wody) malinx/Shutterstock.com, (kurka wodna) Riaan van den Berg/Shutterstock.com, (czapla) iliuta goean/Shutterstock.com, (sum) Kletr/Shutterstock.com, (płoć) Kletr/Shutterstock.com, (rozwielitka) Lebendkulturen.de/Shutterstock.com, (szczupak) Krzysztof Odziomek/Shutterstock.com, (łąka) Brykaylo Yuriy/Shutterstock.com; s. 21 (wiewiórka) Eric Isselée/Shutterstock.com, (gleba) J. Helgason/Shutterstock.com, (paź królowej) Roger Meerts/Shutterstock.com, (błotniak) p.schwarz/Shutterstock.com, (skowronek) Vishnevskiy Vasily/Shutterstock.com, (tygrzyk) Mirvav/Shutterstock.com, (firletka) Martin Capek/Shutterstock.com, (pszczoła) Fotokostic/Shutterstock.com, (bocian) majeczka/Shutterstock.com, (pieczarki) Vasyl Helevachuk/Shutterstock.com, (knieć) dabjola/Shutterstock.com, (stokrotki) russal/Shutterstock.com, (nornica) CreativeNature.nl/Shutterstock.com, (żaba) Eric Isselée/Shutterstock.com, (turkuć) Marcel Jancovic/Shutterstock.com, (larwy) Sergey Goruppa/Shutterstock.com, (dżdżownica) Vinicius Tupinamba/Shutterstock.com, (kret) Vishnevskiy Vasily/Shutterstock.com; s. 22 (las) andreiuc88/Shutterstock.com, (dzięcioł) Xander Fotografie/Shutterstock.com, (sowa) S.Cooper Digital/Shutterstock.com, (huba) Matthijs Wetterauw/Shutterstock.com, (sójka) FotoVeto/Shutterstock.com, (kuna) Steve Brigman/Shutterstock.com, (lis) 12qwerty/Shutterstock.com, (wilki) Critterbiz/Shutterstock.com, (dzik) FotoVeto/Shutterstock.com, (sarna) MilanB/Shutterstock.com, (mrówki) Stana/Shutterstock.com, (mysz) CreativeNature.nl/Shutterstock.com, (grzyby) Roman Pyshchyk/Shutterstock.com, (krocionóg) defpicture/Shutterstock.com, (borówka) Birute Vijeikiene/Shutterstock.com, (jagoda) katatonia82/Shutterstock.com, (mech) Taina Sohlman/Shutterstock.com; s. 23 (wiewiórka) Eric Isselée/Shutterstock.com, (lepnica bezłodygowa) P.Fabian/Shutterstock.com, (kozica górska) Wolfgang Kruck/Shutterstock.com, (niepylak apollo) Jens Stolt/Shutterstock.com, (sasanka alpejska) Jerzy Opioła/Wikipedia (licencja CC-BY-SA-2.5), (świstak) Iv Nikolny/Shutterstock.com, (urdzik alpejski) Martin Fowler/Shutterstock.com, (dziewięćsił bezłodygowy) Radka Palenikova/Shutterstock.com, (sosna górska - kosodrzewina) Robert Dejtrowski, (goryczka tojeściowa) Robert Biedermann/Shutterstock.com, (sosna limba) R. & M. Kosińscy, (świerk pospolity) Małgorzata Kozioł/WSiP, (pluszcz) BogdanBoev/Shutterstock.com, (jarząb pospolity) Yasonya/Shutterstock.com, (niedźwiedź brunatny) Eric Isselée/Shutterstock.com, (szafran spiski - krokus) Le Do/Shutterstock.com; s. 24 (symbol drzewa) LoopAll/Shutterstock.com, (jabłoń) vilax/Shutterstock.com, (czereśnia) ER_09/Shutterstock.com, (śliwki) Madlen/Shutterstock.com, (śliwa) Yasonya/Shutterstock.com, (grusza) VenisM/Shutterstock.com, (morela) Margarita Borodina/Shutterstock.com, (porzeczka) Timmary/Shutterstock.com, (jeżyna) vilax/Shutterstock.com, (malina) oksix/Shutterstock.com, (winorośl) joloei/Shutterstock.com, (agrest) Lepas/Shutterstock.com, (ziemniak) Madlen/Shutterstock.com, (burak cukrowy) Luis Carlos Jimenez del rio/Shutterstock.com, (szparagi) Kuttelvaserova/Shutterstock.com, (marchew) Anna Kucherova/Shutterstock.com, (pietruszka) Nastya22/Shutterstock.com, (cykoria) nito/Shutterstock.com, (żyto) David Dohnal/Shutterstock.com, (pszenica) Denis Vrublevski/Shutterstock.com, (owies) Anna Sedneva/Shutterstock.com, (jęczmień) David Dohnal/Shutterstock.com, (kukurydza) Subbotina Anna/Shutterstock.com, (słonecznik) CLM/Shutterstock.com, (rzepak) David Dohnal/Shutterstock.com, (len) Krasowit/Shutterstock.com; s. 25 (wiewiórka) Eric Isselée/Shutterstock.com, (śnieżyca wiosenna) Andrew Haddon/Shutterstock.com, (pokrzyk wilcza jagoda) H. Zell/Wikipedia (licencja CC-BY-SA 3.0), (tojad mocny) Arlen E Breiholz/Shutterstock.com, (naparstnica purpurowa) Falk Kienas/Shutterstock.com, (wawrzynek wilczełyko) macro lens/Shutterstock.com, (wawrzynek wilczełyko) prizzz/Shutterstock.com, (bieluń dziędzierzawa) Charlotte Erpenbeck/Shutterstock.com, (zawilec gajowy) Nazzu/Shutterstock.com, (czeremcha) Serg Zastavkin/Shutterstock.com, (lulek czarny) hjschneider/Shutterstock.com, (jałowiec) Peter Radacsi/Shutterstock.com, (znak trucizna) cg-art/Shutterstock.com, (gąska zielona) aragami12345s/Shutterstock.com, (muchomor sromotnikowy) Dariusz Majgier/Shutterstock.com, (pieprznik jadalny) Stefan Holm/Shutterstock.com, (lisówka pomarańczowa) Edward Bantin/Shutterstock.com, (smardz stożkowaty) Jason Patrick Ross/Shutterstock.com, (piestrzenica kasztanowata) Maslov Dmitry/Shutterstock.com, (czubajka kania) Andrew Koturanov/Shutterstock.com, (muchomor jadowity) Lumir Jurka " Lumis"/Shutterstock.com, (borowik szlachetny) LianeM/Shutterstock.com, (goryczak żłóciowy) Vaclav Volrab/Shutterstock.com; s. 26 (dorsz) Piotr Wawrzyniuk/Shutterstock.com, (flądra) HelleM/Shutterstock.com, (iglicznia) Gervais et Boulart/Wikipedia (public domain), (śledź) Evlakhov Valeriy/Shutterstock.com, (szczupak) picturepartners/Shutterstock.com, (łosoś szlachetny) Krasowit/Shutterstock.com, (płoć) Evlakhov Valeriy/Shutterstock.com, (sandacz) Evlakhov Valeriy/Shutterstock.com, (węgorz) Krasowit/Shutterstock.com, (okoń) Evlakhov Valeriy/Shutterstock.com, (karp królewski) Alexander Raths/Shutterstock.com; s. 27 (wiewiórka) Eric Isselée/Shutterstock.com, (traszka grzebieniasta) WitR/Shutterstock.com, (traszka karpacka) WitR/Shutterstock.com, (salamandra plamista) bogdan ionescu/Shutterstock.com, (kumak górski) Eric Isselée/Shutterstock.com, (rzekotka drzewna) Kuttelvaserova/Shutterstock.com, (żaba trawna) Hintau Aliaksei/Shutterstock.com, (żaba moczarowa) Eric Isselée/Shutterstock.com, (ropucha zielona) Hintau Aliaksei/Shutterstock.com, (żaba śmieszka) Hintau Aliaksei/Shutterstock.com, (ropucha szara) Michiel de Wit/Shutterstock.com; s. 28 (żółw błotny) Richard Peterson/Shutterstock.com, (zaskroniec zwyczajny) Pakhnyushcha/